基隆的氣味

鄭栗兒・鄭順聰——著

目次 contents

前言

雨港女兒×基隆女婿——基隆相對論

鄭栗兒、鄭順聰

一、怎麼跟基隆發生關係的？

栗兒：記得多年前，我在《聯合文學》擔任執行副總編輯工作時，作家東年先生一直鼓勵我寫一本關於基隆後火車站的碼頭文化小說。東年所指的後火車站是指基隆西岸碼頭一帶，位於虎仔山腳下的中山一路、中山二路，這裡沿山錯落的屋厝住著許多碼頭工人，有很底層的碼頭文化特色。

說起來，我應該是寫這小說的最好人選，因為我從小就住在後火車站曾仔寮安一路34巷內。我父親開了一間新洋理貨行，他從小因為父親早逝的關係，為了一大家族的生計，十幾歲就在基隆碼頭做「他理」，也就是碼頭工人的意思。後來父親自己開了理貨行，帶著一群碼頭工人在碼頭從事辛苦的勞力工作，所以，我是正港的理貨行女兒，照理講為父親寫一本這類題材的本土小說，就像吳念真的《多桑》，應該是最適合不過了。

我的父母親出生於一九二〇年代，我是他們最小、排行老六的孩子，生到我時已經是民國五十幾年。我總共有兩個哥哥、三個姊姊，第三個姊姊一九五〇年生，一、兩歲時不幸夭折，在這個家庭我算是隔了一個世代的外星人投胎，也因為姊姊的猝逝，所以意外再懷孕生下我時，也得到父母格外地寵愛。

從小我就桀傲不馴，不遵從任何世俗與家庭規範，活在自己織造出來的宇宙世界，和星星月亮太陽的互動，都比和兄姊們還多。對我來說，我的家和閣樓是一個奇幻的起點。冥冥中的安排，讓我在基隆山巷裡的人家出生，小學就讀曾仔寮山頂的太平國小，每天凝視天空和遠方的海港與輪船，就是我建構內在星圖的啟始。特別是父親在我小時候，帶我去大輪船參觀時，也讓我幼時的心靈點燃了對世界的想像。也因此，東年先生的提議，我是笑而不語，因為我實在不知道怎麼落筆，從我當作家以來，未曾使用過任何本土小說的語言與創作形式，我自詡是一個地球的旅行者，所有的文學創作都是和心靈有關。

但我一直對寫基隆的書有一份責任感，卻又近鄉情怯，直到二〇一三年我在基隆開設一間「阿芭光之花園靜心坊」，帶領身心靈的療癒與靜心課程，許多遠來的學生來基隆上課時，會順便遊逛這個雨港城市。與家鄉土地有更深層的聯結後，我覺得是時候可以寫一本我對基隆感情的結集了！

順聰：我在嘉義鄉間出生長大，從小於遼闊的田野奔馳玩樂，基隆對我而言，是台灣最北端的一朵雨雲，基隆港與廟口小吃是成年後才認識的。小時候，我只知道基隆有個舅舅，與舅媽到基隆打拚，生了兩女一子，每次回嘉義，總要走一條無聊冗長的公路，只見其轎車停在我家門口，老式車頭的後照鏡，似乎還映現著基隆的雨絲。那時，看到舅舅舅媽跟兩位表姊走進來，我跟弟弟趕緊躲上樓，不知是嬉鬧還是什麼的，聽聞基隆，我總感到害羞。

也不知小時候去過幾次基隆，但對這個城市的清楚認識，是民國八十一年、高一升高二的暑假，我一個人從嘉義出發，到台南、高雄晃遊，坐南迴鐵路繞過台灣尾，穿越山海交錯的花東縱谷，直抵基隆，晚上住基隆舅舅家。天氣當然是陰雨低沉的，我只在基隆停留一天，去廟口吃小吃，到中正公園看觀音，聽舅舅比較嘉義與基隆異同。

這趟基隆行，我印象最深的，是晚上走出舅舅家，到七堵街上晃晃，赫然發現「地下道」這種東西。我這個「庄跤倯」（tsng-kha-sông，鄉下土包子），實在搞不懂地下道到底是什麼碗糕。於是，好奇的我，潛入地下道，又浮了上來；再下去，又上來；不死心的我，又下去，很快就上來了⋯⋯。我百思不得其解，為何入口與出口，都在同一側？基隆人真奇怪，走地面的人行道繞過去就好了，花時間與腳力爬上爬下的，難道就是為了躲雨？

就知道我有多「倯」了吧！害怕閃爍明滅的日光燈與滿地的積水，竟不會穿越地下道，我，如同關在動物園柵欄內的老虎，重複同一個來回的動作。

回到舅舅家收起雨傘，跟他提起這件事，反應竟是：「這就是政治。」舅舅說了整晚利益與現實的社會課，我聽得滿頭霧水。

那時的我全然不知，那個女孩，我未來的老婆，同在七堵，在火車站的另一頭。

那晚，我配偶欄的那個她，正在做什麼呢？

1 歷史悠久、承載諸多回憶的基隆中山橋　2 清晨的崁仔頂魚市，熱鬧滾滾

命運就是那麼奧妙，聯考我考上中山大學，女孩與麻吉斌仔，遠從基隆來到高雄，和我成為同班同學，成為一生的好友，我和基隆的緣分更深了。大學的暑假，我到基隆找斌仔，住他成功二路的家。那年的中元祭，斌仔得去宗親會幫忙，晚上的遊街，斌仔負責開車載水燈。白天，我同女孩四處逛逛，那時手機仍不普遍，為了要看放水燈，我在田寮河畔等待，只見斌仔開著花車從文化中心緩緩駛來，發現我隨即招手，我衝破圍觀的人群，衝到街道中心就要上車。

沒想到，車門被飾板封死，打不開，斌仔搖下車窗，我直撲而入。

但座位太小，我的身體無法一次擠進。

車內，斌仔死命將我拖拉，而我的兩隻腳，高高懸在車外，如兩條吉古拉，死命抖動。

人潮中，那個陪我走逛的女孩，笑歪了腰。

後來，女孩成為我的妻子；我，成為基隆的女婿。

二、這裡有什麼不一樣？

順聽：我對基隆本就熟悉，為了撰寫此書，週週到雨都踏查，也訪問許多在地人，我設計了一套題組：

一、雨是什麼？
二、最愛小吃？
三、獨家祕境？

不消說，雨是基隆人朝夕相伴的「必備品」，我蒐集許多答案，攤開一看，意外發現：雨反映一個人的價值觀與個性，無論是浪漫的、打拚的、困苦的、堅持信仰的，還是日常如同家人。雨那清澈透亮的特質，就如同鏡子，照亮基隆人最深層的內在。

我愛「拋拋走」，又嗜小吃，台灣頭尾走遍，我可以斷言：「南府城，北基隆」。

在大台北地區，若想到價格實惠、味道一流的小吃，就要到基隆去，飲食水準非常齊整，且有許多獨樹一幟的味道。我常跟朋友說，府城真是不可思議，街道左右到處是追逐小吃的人與摩托車，我已經掃過府城小吃的一軍、二軍與三軍了，但還有許多在地人短褲拖鞋的巷子口小吃，連報導都沒，一入口，讓我驚嘆不已。基隆也是，我從廟口吃到孝三路、仁愛市場、三沙灣與安一路，後來還發現劉銘傳路，正濱漁港與八斗子也不錯。某次只是為了停車，朋友介紹成功停車場旁一排熱炒店，生魚片新鮮便宜，鵝肉配生啤酒這市井多麼豪爽啊！

基隆真是不可思議。

但在徵逐酒食的同時，基隆人的腳尖更是俐落。不要說中老年輩，年輕人也熱衷爬山，我想是那雨絲籠困、街道窄隘、飯飽食足之餘，需要找一處出口。基隆的聚落大都位於山間的谷地，所以一條巷子走到底、布滿苔蘚的灰牆背面，就是蓊鬱的林木，清新的小徑。

在基隆，視窗的轉換快速且輕易，此刻米苔目與小菜的甜辣醬仍在口腔縈繞，下一刻即是山巒的芬多精，漫步至山頂，隨時可見蔚藍的海洋。

氣氛瞬轉，塵世與綠意如此貼近，這就是基隆的魅力。

栗兒：基隆的特色就是髒、破、舊，身為基隆的女兒這樣說，雖可能引起撻伐，但卻是眾人皆曉的事實。終年多雨和港口輪船燒柴油的黑煙，使基隆的建築很容易變得骯髒不堪，特別是港區那一長排黑漆漆的建築，真的讓基隆市容很落漆。我覺得不一定要現代化高樓大廈，但至少可以像挪威海港卑爾根（Bergen）那種古老市街，乾淨整潔，木造建物漆著各種顏色，看起來很溫馨而亮眼，自有風味。基隆港定位，從早先海港貨運樞紐被取代為郵輪的停泊港口，但是相關的觀光硬體卻跟不上時代變遷的腳步，這點很令人失望。即使是西二、西三碼頭倉庫保留下來，該空間能否形成一個深具特色的文創區，也要有完備的規劃與討論，否則我覺得革新對基隆來講更重要，因為基隆落寞太久了，完全與時代脫節，只剩下危橋、危橋下面凌亂不堪的攤位，以及臭水溝和騎樓下永遠停得亂七八糟的摩托車。

說來很糗，基隆的河，除了田寮河因為是主要代表河流，還得到一點市政府關愛的眼神，其餘的旭川河、西定河都是骯髒無比，漂浮著垃圾和排泄物，但卻是老

基隆因地形多變、多雨，造就獨特的駁坎以及苔蘚滿布的特殊景觀

鷹、鷺鷥鳥的最愛。走在基隆的馬路上，也許連某一個坑洞，都是有歷史的。

我的一個高中時代的友人，也是基隆小孩，後來去上海、日本工作十多年，歷經商場的起伏與滄桑，看盡世界的風光與變遷，去年過年一個人返回基隆探望故鄉，在東岸客運大廈默默地看著基隆港的海面，待上一晚。事後他跟我說，他很感謝基隆一點都沒變，保存他所有的青春與回憶，全世界他終於有一個情感的靠岸。

是的，這個世界瞬息萬變，變得愈來愈平，我們看的高樓建築，吃的連鎖餐廳或速食、咖啡館，用的品牌……，都愈來愈一致，但是愈來愈多的人失去了與過去的聯結，失去了與大地之母，與鄉土的緊密度，每一個人都漂浮在頭腦的慾望與目標中。基隆的退步，意外成為一種歸屬與自在，就像你在家裡就是放鬆，就是會亂丟東西，就是搞髒搞亂也沒關係，這反而是一種心的自由與解放。

就像基隆小孩總是丟下一句：「去街上走走！」東走走西走走，就已經繞完了整個市區。基隆小孩喜歡遊晃在狹促的市區，當做晨間或夜間運動，逛著逛著，順便吃吃小吃，午餐、晚餐也一併解決了！而且在基隆逛街，一路上總是會遇上熟識，打個招呼、聊聊天，連店家都是這樣成為朋友。所以基隆人的特色也是特別能聊，不管是不是和陌生人，這是基隆人的人情味。此外，基隆人逆來順受、自我感覺良好的樂觀天性，即使是髒破舊，也還能在其間找到生活的樂趣。基隆人絕對不會因為下雨天而不出門的，而且撐傘的技術超好，可以隨著雨勢、風向而隨時調整角度。有了一把傘，對基隆人而言，就沒有到不了的地方，撐起了一片傘天，一切安逸，只是雨傘要經常換而已。

三、蝦米款的基隆人？

栗兒：如果你問我典型的基隆人是什麼樣子，我想到的是像我父母、舅舅以及父母親的友人們等等那一代帶有濃郁日本氣息的仕紳與婦女。我爸爸年輕時去碼頭工作時，都還穿著筆挺的西服，戴著紳士帽，即使因為下雨，被迫得穿長筒雨靴，仍不減帥氣。我媽媽也是，出門一定是整套美麗的套裝，頂著「sedo」好的流行髮型，化好妝後才上街。我媽媽至今已八十多歲，到現在還是很愛漂亮、乾淨，每週固定上美容院洗燙整理她的寶貝頭髮，不允許自己太過邋遢。我舅舅們年輕時都是到日本留學的青年，他們有學識，有生活品味，最重要是擁有一種悠逸、從容中產階級的幽默感。老年還在學唐詩的大舅曾跟我說，當年日治時代，他從日本念完書畢業要回台灣時，還順道去了一趟上海，目睹十里洋場的情景。

這些長輩們很懂得享受生活，遊歷各國，打打牌，吃遍小吃與美食，還組了一個登山隊，每週固定去登山健行，攀登台灣百岳幾座高峰。這樣兄弟姊妹和朋友們一起玩到陸續一個一個離開人間。最喜歡他們有一種豁達樂觀的生命態度，比如我三舅年老洗腎時，還不忘跟打針的護士開玩笑：「要顧好我這幼咪咪的皮膚喔！」也沒忘記吩咐我大表哥，去忠二路買阿本燒賣，犒賞一下洗腰子的自己。我們去醫院探望他時，他一會兒痛得哀哀叫，一會兒又不忘對我們笑說：「我躺在這裡，不能去哪裡，就回想著以前出國旅行的美景，好像又去了一次。」

我父親八十歲時，那時患帕金森氏症的他時好時壞，但還是很堅持一定要辦八十歲的生日壽宴，因為要回請舅舅、阿姨們，以前吃人家的，現在還請人家。但好幾個舅舅和舅媽都往生了，結果那天幾個老人還是勉強湊了一桌，媽媽的妹妹，也在洗腎的阿姨被女婿載來了，有點老人痴呆的四舅被兒子載來了，還有三舅和三舅媽……，幾個老人儘管流口水的流口水，生病的生病，但還是開開心心地吃了一頓飯。最妙的是我媽媽，前一天還拿著她的舊電話本，提醒我們記得打電話給舅舅們，生日宴的當天卻睡得怎麼叫她都叫不醒，邁入老年期的她，身體也在進行內在的調整，等到她隔天睡醒來要吃爸爸壽宴時，發現大家已經吃完了，就這樣錯過老公的八十大壽。

這就是基隆人！禮尚往來的好客天性和一種跟上時代的潮味，開心享受生活的態度，樂觀天真，遇到壞事情，也盡往好處想，自我解嘲一番。還有是基隆的雨、基隆的風培養出來的浪漫心，因此而孕育出許許多多的創作者和藝術家。好與壞都是人生的選擇，據說基隆人憂鬱症很多，但我也看見了像我父母和舅舅們那些很棒的基隆人，即使他們凋零了，卻也留下美好的精神給我們繼續傳承！

順聽：說到好客與潮味，我相當認同。但同樣是好客，我老家嘉義更是熱情澎湃；說到潮味，又跟領導流行的台北有何不同呢？

彼時大學畢業，我和太太從同學升格為情人，隨即成為她的「家人」。她父母相當好客，常找我去吃飯，去七堵吃家常菜，外婆的五堵大家族圍桌，爸爸那頭親戚好友的飯局，還有各種協會組織廟宇交陪早起會等等……。基隆人真愛交朋友，更愛飯局，她父母還跟其他夫妻組成團體，十個家庭輪流請吃飯，純粹是談天說地，原則是不能談金錢與政治……。

於是戀愛初期，我常坐火車到基隆吃飯，從來就搞不清楚目的與對象，反正，去就對了！我印象最深刻的，是在某個寒流來襲的豪大雨夜晚，彼時的女友，手中拿著住址，在父母的催逼下，拉著我到基隆赴約——挨擠過狹窄的街道，走入老舊社區大樓，在樓梯間盤旋，尋尋覓覓，發現一道小門，打開，世界頓時光燦溫熱，只見包廂裡頭的人們，大啖海鮮拚酒唱ＫＴＶ——在大雨圍困的湊擠城市迷宮深處，竟藏著夢般的華麗異境。

雖與陌生人同桌，絲毫不感窘迫，基隆人很快就拉我打成一片。

就算不認識，也要同歡樂。

除了那些應接不暇的宴飲酬酢，除了台語南北口音的差異，我和她從情人封印為夫妻後，乍然發現，哎呀！她父母怎麼三不五時就出國，哪像我阿爸阿母安土重遷，根植於嘉南平原，出國可是件大事情啊！而整天「拋拋走」的岳父岳母，好像把這個地球當做自己的後院，親朋好友湊足了人數，相招就去迌迌（tshit-thô）。

潮味就是這樣來的，基隆港海納世界各地的商品與思潮，基隆人也樂於走出去，不同於台北的徵新逐異。基隆人的潮，是一種基本的禮儀，恆定的品味，而且，只要出門，定要穿戴整齊，不像我嘉義的父老們，短褲拖鞋自在一整年，基隆人紳士淑女般的嚴整，沒有浮誇與傲氣，平實與規矩，就是基隆本色。

身為嘉義人，我要比大拇指稱讚基隆人，稱讚他們面對黏膩繁複時那如特技般的能耐！

首先，基隆人處理雨的技術，簡直出神入化。他們隨身都會帶把雨傘，使用過後，雨水定能瀝得乾乾淨淨（這是我的幻覺？還是魔術？），然後，將傘骨理好，傘布摺疊整齊，猶如拿尺量過，美得如花朵的收闔，這難道是基隆藝術家巧手的源起？女孩子的衣著配備防雨設施，卻不失優雅美麗，走起路來姿態自然不扭捏。此外，基隆的機車族，置物箱內定準備雨衣，整套的上衣、褲子、雨鞋，厚實能防無

1 雨是基隆人朝夕相處的必備品（陳姵蒨攝影）

2 雨夜的基隆，街頭巷尾閃閃發亮（胡崇偉攝影）

孔不入的雨水。機車的最前頭，往往會裝上遮雨罩，且配備小巧的雨刷，往左撇、往右撇、往左撇、往右撇……可愛極了。

台灣俗語說：「基隆人會鑿雨縫。」這句話還不夠，基隆人更會鑽巷子（有時候只是公寓間的縫隙），還善於走天橋，潛入地下道，知道哪個陸橋上頭有人行道，側旁有便橋便繞下去，過涵洞，穿越午間就扯開嗓子的歌友會，在忠、孝、仁、愛、信、義、和、平交錯的街路中不會迷失，樓梯口爬上去就是熟悉的店家，哪一攤小販好吃，哪裡可以買日用品等等……基隆人擅長散步，擅長穿越這個複雜黏膩的城市，一派輕鬆自在。

或是說，習以為常。

布棚、浪板、雨遮，因為雨因為擁擠，這個城市是如此的曲折，但基隆人個性恰巧相反，坦然、直率、好相處，不諱言城市的沒落，但自信仍在，認同感很強。為了這本《基隆的氣味》，我鑽入街道四處踏查訪問，從沒吃過鱉，店家與路人總是熱情相迎，知無不言，一說就停不了。

在基隆，沒有陌生人。

四、這本書是怎麼完成的？

順聽：文學與台灣史地，是我的興趣雙核心，二〇一三年《海邊有夠熱情》，是我「野書寫」的處女作，這本高雄蚵仔寮的駐地書寫，寫得過癮充實。書出版後，熱情持續，指針朝北，朝向我既熟悉卻又陌生的基隆港。

踏查了幾次，我心底漸有數，雖是基隆的女婿，但了解太粗淺，感情不如在地人深沉，寫成書恐怕隔靴搔癢，說服力不足，計畫遂擱在一旁。

但這本書注定要完成的，我的麻吉斌仔移入新居，樓上恰是栗兒的靜心坊，她是我寫作與編輯的前輩，更是我的恩人——進入《聯合文學》工作是我人生的關鍵。當初應徵到最後的廝殺階段，栗兒投了我一票，讓我的文學之路就此清晰。

與恩人重逢，栗兒談到她計畫寫本基隆的書，兩人一拍即合。她將預先擬好的目次攤開，渾然天成，書名《基隆的氣味》，是詩人許悔之的神來之筆。依此而行，文學好作伴，我們走遍基隆的市街、郊山與海邊，合作相當愉快。

踏查的過程，熱烈地吃，奮力地爬山，書完成後，體重不增也不減，卻豐厚了我對基隆的認識，對港口的人事物，看得更深，情味更濃。

對於我自身的書寫，基隆，是一個完整自足的田野對象，距離我現居的台北近，空間大小適當，各個面向俱備，恰是實踐「野書寫」的理想地。我參考大量相關書籍，尤其是《台灣地名辭書：基隆篇》，分區域一個地名一個地名研究，地毯式探查，繁瑣是繁瑣，讀通了可過癮得很啊！

感謝好友陳逸華、李清瑞及表哥陳秋湧帶路，以其熟悉的方式帶我探尋這座美麗的港市。感謝徐景松、陳朝國、陳炳煌先生接受訪問，面對凶險的海洋，無畏的漁民太讓我欽佩了。黃國斌是我的死忠兼換帖，陪我走遍大街小巷、山巔海涯，他的父親黃財木先生與黃國彰大哥與其家族，更是熱情款待。感謝岳父蔡明山、岳母王寶貴及其雙方家族，牽手蔡禮如、大姊蔡詩韻、二姊蔡書侃與姊夫徐全宏，太多太多的親朋好友，給我無私的協助……真是說不完的感謝、感謝再感謝，我這個嘉義人，百分百感受到基隆人情味之「無障礙」。

我和栗兒都是傳統定義下的作家，此書充滿濃厚的文藝氣息，相對而言比較感性主觀。「基隆」太龐大，本書集中在基隆港周近，七堵與暖暖因篇幅限制就留給未來，而書寫的角度定有偏差，無法面面俱到。因為，在探查與書寫的過程，我發現更龐大的主題：歷史、人物、山徑、美食、文學地景、民俗、藝術、海洋等等，每一個主題，可以卷帙浩繁，更可以是一本暢銷書。

《基隆的氣味》只是拋磚引玉，帶著讀者認識這座不可思議的城市，刷洗塵霾髒黑黏膩，發現雨都的美好。

栗兒：旅遊文學一直是我創作中的一個重要主題，在旅行中不僅僅是看見美麗的風景，更有意義的是重新發現自己，發現熱情。我寫過《放眼中國》套書，那是

觀光郵輪駐港，為基隆帶來絢麗夜景

STAR CRUISES 麗星郵輪
GENTING 雲頂世界

我旅行書寫的啟蒙，寫過西藏，寫過台灣離島燈塔，寫過斯里蘭卡，但對於自己在地的基隆，卻一直未有書寫的動力。

多年前，我的一位編輯好友，也是位日文譯者，曾送我一本她翻譯的日本作家壽岳章子所寫的京都之書，京都人說著京都的生活與文化，說著店家與小物，說來就是一種隨手可得的日常趣味。我們常常跑到很遠的他方，要看遍世界的風光，卻不停止抱怨我們的生活，我們的日常。台灣人不知何時成為一個很愛指責的「名嘴」與「網友」。基隆多年來停滯不前的老舊市容，黃小鴨和髒空氣帶來的誤解與批判聲不斷，使我覺得住在基隆好像變成一件可恥的事，好像是貧民窟的二等公民，尤其幾個縣市都升格了，建設的經費卻永遠輪不到基隆市，全台房價漲翻了，只有基隆原地踏步。套一句某咖啡店老闆說的話，以前基隆是國際港口，現在的基隆卻變成鄉下。

我這一輩的基隆小孩轉眼已來到中年，我的父執輩那一代幾乎凋零殆盡，只剩下我媽媽和幾位阿姨們在撐場面，他們象徵著基隆最好時光的形象代言人，當然沒有所謂什麼叫做典型基隆人，但這座總是在全台排行榜倒數第一名的城市，我覺得應該做些什麼事，喚醒人們注意她有意思的部分，就算是自嗨也不賴。基隆當然不會是京都，但基隆就是基隆，自有她好玩好吃又帶著濕雨情調的趣味性。

和順聽因緣際會書寫此書，真的讓我再度點燃熱情和像孩子好奇的眼睛，去張望我熟悉不已的雨港，如果不是他的加入，這本《基隆的氣味》大概又遙遙無期地拖延著，等到我變成像壽岳章子一樣的歐巴桑才能出版吧！很感謝這位基隆的女婿帶給我的活力，一起重新遊玩基隆，賦予過往的足跡新的生命觀點。我們還組了一個吃貨小團組，三不五時到新的店家嚐試，互相逗相報小吃和熱炒，因為這本書讓我們有理由到處吃喝喝，到處去玩，光是這樣就值回票價了！

無論如何，這本書最重要的是一個邀請，來自基隆女兒和基隆女婿的一個熱情的邀請，請你來基隆盡情玩耍，請你來基隆吃吃喝喝，不管有沒有下雨，就帶一把傘來吧！跟著我們的故事，跟著我們的地圖，寫下關於你自己的基隆氣味。

輯一

風起

山巷與貓

曾仔寮山與基隆地標

鄭栗兒

沿著這一條古老的長巷，一步步拾級而上，我又成為那一個永遠天真的孩子。下雨的時候，這是蜿蜒行至山頂的漫長雨巷。雨大時，急急的雨珠形成小瀑，順著石階滾滾流下，與嘩嘩雨聲交織成一首不朽的雨中旋律。陽光出現時，則是貓的天堂，那些貓咪們，歡快地奔跑在斜瓦屋頂上，從這戶人家跳到那戶人家，不時闖進屋裡偷桌上的魚吃。

這一條長長的山巷，也關乎我大半生的故事。三歲時，父親母親攜著一群孩子，揹著最小的我，搬進巷口往上一點交岔處的十九坪屋厝，小小的一間房子擠了一家七口。

那是一九七〇年代的事了，這裡是基隆後火車站的安一路街頭，舊稱「曾仔寮」注，離港口碼頭或火車站市區都很近，僅僅五分鐘路程，對於經營理貨行的父親而言，騎著腳踏車到東、西岸碼頭，帶領一幫工人上船搬運貨物，也算是近的了。

安一路34巷，成為我生命中最常書寫的地址。

重溫過往的生活氣息

從基隆火車站右側的孝四路，還不到著名的三姊妹快炒店，即見前陣子轟動一時斷橋事件的中山橋天橋，也是侯孝賢導演、舒淇主演電影《千禧曼波》的場景之一。這座歷史悠久的老橋，聯絡著後火車站的生活圈，亦是通往萬里、金山的交通要道，穿越天橋而過，另一端便是騎樓商店林立的安一路起頭。

如果，你想尋找九份的氣息，不必開車去到九份，在安一路34巷可以重溫過去

注／
曾仔寮，用「曾仔」抓魚的漁夫所聚居的「寮仔」。位於「雞籠」（基隆）西岸虎仔山左側山下，今安一路前段的舊「地號名」。

那個異樣年代宛如悲情城市的生活氣息，數不清的低矮屋房沿著山丘各條交錯穿插的山巷線路，錯落有致地層疊至山頂的制高點，天黑時，山間點亮的星星燈火，則呈現另一種夜的風景。

現在，你站在基隆火車站或港邊的海洋廣場，略抬頭一望，山頂制高點下方矗立著偌大的「KEELUNG」地標，正向你招手，展現歡迎遊客蒞臨的五彩ＬＥＤ燈光秀，一旁醒目的長型建築則是我從前讀書的小學——太平國小。當我還是孩子的時候，幾乎每一條關於這座山丘的大小巷道，都是我玩捉迷藏或冒險遊戲前往探索的途徑，其中最主要的階道，是我每天上下學的必經之路。

我已經忘了從我家開始到山上小學總共有多少台階。許多年後，階梯也被水泥塗成斜斜的坡道，方便讓汽、機車行走，山裡的人家很多也都搬離開了，特別是年輕人，都移居到外地開啟新生。人走了，建物卻還在，除了倒塌的眷村或就地改建成幾層樓的透天厝外，大多還維持著往昔人字型斜頂平房的舊貌，甚至還有舊時瀝青防水氈房，屋頂高一點的話還能加蓋出半層小閣樓來。

1 基隆港西岸碼頭、基隆地標與太平國小　2 階梯、坡道並行，是山巷的特殊地景
3 數不清的低矮房屋，裡頭隱藏著閣樓青春

閣樓青春

我的《閣樓小壁虎》故事場景，就是這樣來的。當時我的家尚未翻建成更高更寬敞的大閣樓，還是很低、很矮的小閣樓，有一扇很小的排風窗，站起來會撞到木頭橫梁，必須像狗一樣用爬的方式行動，夏天到半夜還是熱烘烘的火爐，冬天卻是溫暖舒適的小窩，甚至連樓梯都沒有，僅以最簡單的木梯扣住洞口，就可以登上閣樓了！

儘管如此，在我青春的時光中，閣樓陪伴我創作許多重要的作品。對我而言，閣樓象徵著內在的一方祕密天地，在閣樓作夢幻想，想像未來，閱讀寫作……，像是魔術師神奇的口袋一般，藏著一個純潔的孩子對宇宙的聯結。後來，我與許多曾在基隆住過的朋友談及，發現很多人都有一段特別的閣樓童年。

這座山丘，藏了好多好多的閣樓，或者某天，我們會相約去某位夥伴的閣樓裡，一起玩耍、說話到天亮。青春的閣樓對我來說，是生命中很重要的意義和場所，既是與現實隔絕的心靈世界，也是少年的一種集體式浪漫情懷養成之所。

貓的居所

這座山丘，也藏了好多好多的野貓，但是我對貓可沒那麼客氣。

小時候，山巷裡活動的野貓多得驚人，住在上方某個製作肉鬆的鄰居家搬走後，空氣裡少了總是瀰漫著的肉鬆味道，遺留的空屋不多久卻成為貓的居所。牠們無所忌憚地進出其他人家的屋子，只要一不小心，餐桌上才剛擺放的肉或魚，立刻被從後門溜進來的貓咪給啣走，所以我常被母親賦予看管野貓的任務。有時我在後陽台站崗，和陽台邊地勢較低的人家屋頂上進進出出的貓咪們對望，比賽誰的眼睛可以看對方更久的時間，這是我童年常和貓玩的遊戲。

有一年下雨天，清晨被一群小貓咪咪嗚咪嗚聲音給吵醒，發現牠們全躲在窗邊，有些頑皮的，還抓著紗窗往上爬，這是母貓為了躲雨暫時寄放的，到晚上時，已經神不知鬼不覺把所有貓咪都叼走了！

如今，安一路34巷貓咪已經少了許多，要認真找的話，從巷口的豬肉攤附近聚集的兩三隻貓開始，經過我家，再拾級而上，沿著中間的石階到蘇府王爺廟，左側通往歌星林慧萍老家的一排平房門廊，還有許多隻貓咪經常在那裡曬太陽，右側去到山上的另條巷道也有零星幾隻。

山頂的修行人

雖然曾仔寮是小山丘，但步行到山頂也有海拔百多公尺。這山丘散置許多小廟宇，幾乎轉幾個彎就能發現一座，到太平國小旁，聯結虎仔山一帶，廟宇則愈建愈大了，應該是為了鎮壓住虎仔山天然地形上的凶險氣勢。

虎仔山鳥瞰整個基隆港的市容，和對面中正公園的大觀音遙遙相望，亦可遠眺大船進入基隆港的遠處海洋風光，這裡風景真的太美了，但冬天撲面而來的東北季風也很嚇人，襲捲著整片的白色芒草如浪翻滾。

對當時孩子的我而言，虎仔山不但地勢凶險，還帶著一種詭祕，國小四、五年級養蠶活動開始時，我們必須到處採摘桑葉，餵飽從老師那裡分配到的蠶寶寶，直

1 來基隆，無論晴雨，別忘了帶一把傘　2 半山的神祇，守護著這塊土地
3 在山頂成長，讓人建立鳥瞰式的生命態度　4 街貓三兩隻，是山巷的平常風景

到牠們結繭成蛾。很多找得到的桑樹，很快就被拔光了樹葉，幾個同學只好相約下課後結伴前往還未開發、一片草莽荒地的虎仔山尋找桑樹，在高大的芒草間穿梭迷宮一般，到天黑還在摸索，後來大家嚇得循原路跑回家去，虎仔山的探險就這樣不了了之。現在這裡還遺留著建商未開發成功的荒廢建地，往另邊通往中山二路方向的山坡邊上，則開了幾家咖啡館，可以在此喝喝咖啡，吃頓簡餐，臨眺港口輪船進出的熱鬧景致。

這種鳥瞰式的生命態度，在就讀太平國小六年期間，不知不覺為我建立了屬於我的人生觀。一個孩子，花了六年時間，每天像個山頂的修行人，在山上小學的教室或走廊眺望著遠方的山海與港口街道，看著天空的變化和雲朵的出沒，回想起來這是我神聖的啟蒙、生命歸一之旅的開始。

回歸自我的永恆山巷

在我的《閣樓小壁虎》一書中，有段經典的話語：「在每個季節，你都可以得到大自然給你的感動訊息，不會孤獨，不會貧乏。每個人都有憂鬱的時候，都有達不到夢想的沮喪，你抬頭看雲，你的意義好像浮在天空中，告訴你：不要哭泣了！走出心裡的世界，走到寬闊的天地，來發現我吧！」

是的，寬闊，就是這個生命態度，支持我成為現在的我。我也邀請大家從安一路34號吉安藥局旁的小巷開始，徒步到太平國小，到KEELUNG地標，去看見什麼是寬闊，看見我所看見縮小如模型般的港都面貌，全程約十五分鐘到二十分鐘。

多年來，這屬於我的私房景點與散步路線，彷彿一條靜心或療傷路線，靜靜陪伴我度過漫長時光，不管我離開多久，當我再回來時，我都還是那個天真的孩子，與如初的心共舞。秋冬季節的基隆風光帶著陰灰的蕭瑟，有時風雨俱來，但或許也是一種生命苦澀的沉澱，如同這一條永恆的山巷，讓我回歸，讓我明白生命總要在無常間自得其樂，即使是苦澀，也能靜靜安住於這樣的詩意中，似與日人的枯山水

安一路34巷，由此拾階體會道地基隆之美

或侘寂之美相近了。

散步路線一

從安一路34巷往上走，選擇中間的主要巷道，過18號繼續前進，遇見一面石牆，原本古老的反共標語已經被消除了，往左邊上去到蘇府王爺廟，右轉經幾戶人家後，再遇幾級石階，又有岔路，往右的岔路可以一直前行，走到底選擇左邊朝上的石階上去，即可到達太平國小；更常的路線是往左，沿著斜坡直上，上去不久一樣有岔路，若選右邊，跟之前一樣，走到底再往左，可抵學校，兩者的路線是一致的，但捷徑是繼續朝右邊的斜坡爬到盡頭，就是太平國小，右上方操場即是基隆地標地景了！

散步路線二

你也可以選擇中山一路113巷往上直走，即可到達太平國小。開車的話則從中山二路51巷左轉，開進車道迴旋塔，出來後右轉，經過虎仔山休閒咖啡館往前路口，選擇左邊的馬路直駛，遇一岔路往左前方開不到一分鐘即達基隆地標。

流浪的盡頭

仙洞與白米甕

鄭順聰

二十多歲彼時，心血來潮我就去流浪，消失一陣子後，自動回到熟悉的世界，重新向人群報到。

我只是暫離這個膩煩的世界，到陌生的地方走走：探索冒險，尋找人生的意義，或是無所事事百無聊賴⋯⋯。

我迷信地認為，老天爺定在人生的核心之外，拋一條離心而去的線，線的彼端必定藏著什麼，要我去追索那背後的天啟。

那天啟究竟是什麼？我還沒找到。

倒是很享受那流浪的感覺，沿途的風景不必優美，只要邊緣與陌生，帶點金屬感，往天涯的盡頭而去。

無名英雄那卡西

基隆的中山路注，就是標準的流浪 fu。從後火車站出發，沿著西岸碼頭而行，途經流浪頭與仙洞，最終到白米甕砲台，是基隆港這個核心逸離而出的一條流浪路線。

古早古早，這一帶居民以捕魚維生。日治時期，基隆做為「帝國的玄關」，總督府銳意經營，招募大量苦力從事築港與搬運工作，基隆取代淡水，躍升為北台灣最大港。嗣後，還聚集了報關行、理貨行等相關從業人員，鐵路、倉庫、碼頭、貨輪成為主風景……街道風貌即職業顯影，從中山一路往北走，金屬與汗水齊時運轉，吟唱偉大勞工朋友的那卡西。

注／
分中山一路、二路、三路、四路，後火車站旁為中山一路，尾至太白莊中山四路。

奔馳在中山一路上，沿著過去的臨港線鐵路而行，靠山側為汽機車修理行、五金百貨與檳榔攤，另一側靠港的舊屋漸次拆除，新火車站園區如火如荼建設中。中山二路有處地名叫「溫州寮仔」，乃日治時期築港時溫州人居住的工寮，他們跨過黑水溝來此從事碼頭苦力與挑炭工人的工作……此外沿著山坡，還有鐵路局宿舍、碼頭新村、榮民宿舍，提供外地人棲居的地方……。

流浪到基隆，風塵僕僕到雨港討生活，日久異域是故鄉，外地人成為基隆人，在髒黑的環境辛勤工作，基隆曾有的黃金年代，是這群無名英雄打拚奠築起來的！

香料與族群的熔爐

中山路與中華路交接處，真有個漂泊的地名：流浪頭。

早期為了運送萬里崁腳開採的煤炭，搭設電纜吊車運煤，在此卸貨準備裝船外銷，纜車台語叫「流籠」，遂稱此地「流籠頭」（liû-lông-thâu），轉換成華語，唸著唸著順口成「流浪頭」。

流浪頭位於基隆港、西岸碼頭、仙洞、內外木山的交通輻輳，商家與小吃雲集，是台灣典型住商混合的熱鬧市集。

民國三十八年，國民政府撤退來台，北台灣的首站便是基隆。一群人在流浪頭住了下來，他們來自中國各省，加上閩南人與移居來的客家人，宛然族群的大熔爐。離散實屬無可奈何，卻意外成為美食的天堂。各地味道在此生根，北方的豆漿與酥餅、牛肉麵、米粉湯、麵線糊，加香蕉水的粉圓，此外還有獨步全台的沙茶咖哩牛肉。

咖哩是舶來品，進口基隆港融入民間，成為常民小吃，市中心幾十攤咖哩炒麵，攤攤大火快炒。七堵的咖哩麵是湯的，烏龍麵、豆芽、油豆腐三位一體。至於流浪頭的咖哩，又是另一段故事：這是廣東人與浙江人的通力合作，取南洋咖哩的香氣，融入台灣在地的辣味，陰錯陽差拌入汕頭沙茶，氣味竟如此融通，且片下牛後腿內側的肉，與來自日本的生烏龍麵共炒，炒出流浪頭的獨一無二。

除了牛肉，透抽與下水也是絕佳選擇，但「魚湯」最有基隆的 fu——不是魚片，而是一整尾的魚，先給顧客挑選、確認後，再下鍋煮熱騰騰的鮮魚湯，可調和咖哩的衝嗆濃稠，或單單品嚐魚肉，湯真是鮮甜啊！

當初，各族群各省籍離散遷徙到此，真是悲苦無奈。沒想到在流浪的盡頭，以人生拌炒，成就百般滋味。

往心靈的深處探尋

續走中山三至四路，一邊是防空洞及青綠山巒，另一邊是圍牆之外的西岸碼頭，大貨車載著貨櫃衝刺，發出轟隆隆的巨大聲響。這是基隆人罕至、甚至不知道的邊緣地帶，正港的流浪 fu。尤其是看到十多架橋式起重機頂起天空，往遠方排列而去，真是鋼鐵般的壯闊啊！

就在灰危的柏油路中段，有處佛教聖地，靜謐祥和。

過去，還沒開闢碼頭前，這段路原本是泥灘地，球仔山直接就臨海，浪濤長年擊打出一方海蝕洞，漢人來了，傳說裡頭有仙人居住，故稱「仙洞」。

踏入洞內，清涼的氣息迎面而來，彌勒佛坦腹微笑，讓人的心情也隨之放鬆。石壁上刻滿古碑文，字字有來歷，人人好手筆，猶如藝術與歷史展覽室：

三十三天天外天，九霄雲外有神仙；神仙本是凡人做，只怕凡人心不堅。

禪詩淺顯易懂，多唸誦幾次，洗去凡塵，便可走入佛門淨地。

仙洞的主入口稱為中洞，裡頭分叉為右洞與左洞。右洞答答答滴著水，地面濕潤，佛教雕刻間雜道教神像，表情與姿態豐富多樣，莊嚴、飄逸、拙趣、慈悲，誠心靜諦，心中便有所悟。

我偏愛石壁上那尊飄逸的觀音，橫切的石紋讓方硬如黃庭堅行書的雕刻散發濕筆般的朦朧，位置恰在兩管日光燈之間，拿相機拍攝總是拍不清楚，得靠虔心與佛緣，觀音才會在記憶體中，顯相。

往左洞去，剛開始還能大搖大擺，漸而側身而行，到最狹窄處，得彎腰半蹲前

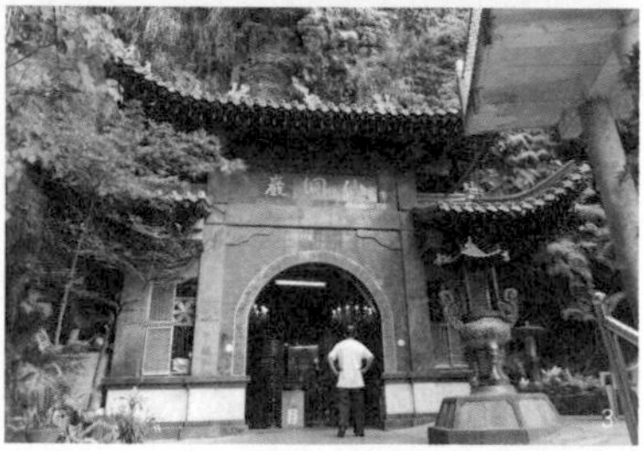

1 流浪頭是各族群與美食的熔爐　2 西岸碼頭，綿延不絕、鋼鐵般的壯闊
3 仙洞巖入口，氣氛靜謐祥和　4 仙洞內的觀音莊嚴、飄逸、慈悲

進，走著走著頭滴到冰水，腰腿發痠，身體流出汗來。這是佛的旨意，要人放下身段，學習謙虛彎腰，才能來到另一頭的淨域，空氣更為濕潤，兩側石床寬敞，神龕中佛像持花磨挲耳鬢，斂目微笑。

旁側有還有口洞，封死不能行，據說可通往另一座山頭，或說，裡頭藏著一個小人國……。

荷蘭城沒有荷蘭人

流浪的暢快，就是尋獲好滋味，體驗神祕的歷程，但我最享受的，是孤獨的感覺，尤其知道路將至盡頭，天涯海角就在不遠處。

就在太白莊的公車站牌後頭，有條狹窄陡峭的小路，通往白米甕砲台。地名就是故事。古早古早以前有位老婦人，發現岩石有道小孔冒出白米來，日日拿土甕取回煮飯。有一天，老婦人起了貪念，想要把小孔鑿大多拿些白米，沒想到孔就縮閉起來，不再冒出白米……。因為這道傳說，此地稱「白米甕」，又叫「荷蘭城」：傳說三百年前，荷蘭人曾在此設砲台，但考諸信史似乎沒這回事，這座荷蘭城，荷蘭人沒來過。

上山的路既陡且窄，一條幾乎不容會車的路斜斜直上，彷彿身體一仰，就會如土甕翻倒，碎裂山腳下。急轉急轉，轉啊轉眼冒出協和電廠的大煙囪，簡直就是好萊塢的科技特效。

沿路多是簡陋的矮房，屋頂灑上柏油，就像九份的老房子，這是防雨防風的古老工法，也是山城的酷黑顏色。這處聚落，安置許多民國三十八年來台的外省軍民，本以為是流浪的逗點，沒想到卻成了句點。電視劇《光陰的故事》選擇此地拍攝，以一座虛構的眷村為主場景，演述台灣家庭的喜樂哀悲，時代的回憶與感情就此婉轉流動。

看一艘船入港

在基隆晃遊有固定模式，雜亂狹窄的盡頭，就是寬闊與綠意，而且，風景最開闊處，往往是砲台。太白莊社區的白米甕砲台，特色是馬蹄形砲座，中間有隔堆排開，以防砲彈的震波與碎片。守衛的兵士早就撤哨，換來遊客、攝影師與寫生的人們，紛紛來此守護黃昏。

望向基隆港方向，中式涼亭的橘色筒瓦攢個尖，加上遊戲區的童話屋頂與基隆港橋式起重機，紛繁的尖長造型植出一片橘紅色人工森林。

若是好天氣，中正公園的白色觀音像，慈祥的面容清晰可見。

望向大海，左手邊底下的漁港是外木山，協和發電廠那三根大煙囪，是日本攝影師森山大道的最愛：

森山先生對於量體甚大的建築與工業景象有著濃厚興趣，於是我帶大家上了白米甕砲台，一路眺望港區與協和電廠。在拍攝電廠的過程中，我見到了森山先生滿

1 白米甕砲台上的獵影人　2 排列整齊的馬蹄形砲台
3 黃昏下的電廠煙囪，有如神話般的存在

意的笑容與讚歎。注

這裡是路的盡頭，山的最頂端，流浪到此必須折返。靜坐眺望，與其旁的山同其凝固，面對三根大煙囪，面對底下龐巨猶如末世的機房，海岸一個岬角一個港澳依序綿延，海面波紋細緻地編織幽藍，基隆嶼就在眼前，從此方向，可以清楚看到其旁那個迷你島。

耳畔響起船螺聲，表示有船要進港了。

那艘遊輪，精美剔透，在海中央小巧如迷你島，雍容華貴地往內港前進。在引水船的導引下，滑過基隆嶼前頭，穿越堤防與光華塔，浩浩蕩蕩入港。

海岸路燈與家戶燈火盞盞亮起，如初初鑿挖出土的寶石，光芒漸璀燦。

注／

引自〈與森山大道的台灣街拍旅行〉，《森山大道的台灣街拍》，１５４頁，台北，大藝出版，２０１５年6月。

老鷹的家

大武崙砲台與情人湖

鄭栗兒

如果一位印第安的巫師是眺望著天空，而領略了宇宙的訊息，那麼我必然也是一位巫師，只是我看到的是海洋，與無數大船入港的風景。

居住在亞馬遜森林的巴拉薩人，對世界的理解是無始無終，既沒有過去、現在、未來的線性時間，也沒有與生俱來的天命和宿命觀。巴拉薩人深信，沒有一件事單獨存在，所有想法都同時具有感知與意義兩種層次，而生命中所有的發生都不是白白發生。

「生命中所有的發生都不是白白發生」，這句話其實是我說的，一如每艘船會來這座港口，都有它要完成的事。從小我就像一個印第安巫師，眺望著看不厭的海洋與大船入港，每一次都覺得很新鮮，就像天空中變化的雲和爐子裡燃燒的火焰讓人百看不厭。

在這裡的眺望，更有巫師的品質，因為那有一個更高的高度，同時包容海天一色，站久一點，更可以領會那種無始無終，沒有過去、現在、未來，超越線性時間的安靜。

老鷹的家

這裡，我稱之為「老鷹的家」，也是大武崙砲台通往情人湖山林的瞭望台。這裡擁有同等於南台灣墾丁社頂公園的絕妙風光，山巒綿延無盡的綠與連接至海平線無限的藍，以及天空一起交織成宇宙的冥想裂縫。

在基隆，有超乎人想像之多的砲台，每一座砲台皆面向著無限的藍，如果在峇里島，每一座砲台都會是一座最美的看海發呆亭。大武崙砲台對我而言正是如此，關於清朝時期中法戰爭發生於這座砲台的種種事蹟，對我來說沒什麼太大的重要性，反而是這裡的老鷹、林野、海洋與天空帶給我的視野震撼和感動，才是我認為特別的意義。

說起來，大武崙砲台也應該是基隆所有砲台中最為人熟知的一座，因為太多連續劇、偶像劇或電影都曾在這裡取景過，不管是被綁架、鬧鬼場景或者情侶約會，乃至探險……等等情節，砲台的廣場與廢棄的洞壕，甚至廣場上的老榕盤結與滿地鋪石都會被劇組好好派上用場。

整座砲台其實是環狀，徒步繞一圈便能走回到起點，蓊鬱參天的林木織造出獨特的原生樹種生態森林，夏日有蝴蝶、蟬與蜥蜴，種種鳥蟲飛鳴，面對海洋的另一邊則是陡峭的懸崖，秋日芒花開時，又是另一番蒼茫風情。海洋的顏色在春夏與秋冬時節，很明顯地不同，春夏的藍寶石，美得令人神迷；秋冬的灰鴿色，則帶著一份淒涼的悲情。

我喜歡在這座砲台走一趟後，再順著轉彎處的長長石階，往下行至情人湖的山

1 基隆砲台眾多，大武崙知名度名列第一　2 環狀砲台是市民散步的好去處
3 參天林木，織造出原生樹種生態森林　4 砲台保存完整，是攝影人喜愛的取景地

林，斜角近四十五度的蜿蜒長階，像爬行山巒間的毛毛蟲，走著走著往往不小心被飛行的老鷹給吸引，而忘記了足下的台階。情人湖山林長駐著基隆市鳥——老鷹，牠們在人們攀爬不到的巨岩邊緣築起巢穴，世世代代在此繁衍成常鳥。這裡就是牠們的家，白天鷹兒會飛到附近外木山海面或基隆港區覓食，晚上則與沉靜的山林一同入睡。

對於印第安巫師而言，老鷹象徵宇宙的最高意識，也就是物我合一「空」的生命境界，亦是道的精髓。身為基隆的市鳥，老鷹也以牠不懼風雨的傲人之姿，遨翔於市區港邊和沿海邊緣的海岸線。對我來說，老鷹是我生命中第一位導師，牠教導我以優雅的姿勢和客觀的態度，對生命的各種劇情有一點靠近，又有點距離，或者說提醒我是一個地球的旅行者吧！每一次當我過於陷入時，看著飛行天空的老鷹，又將我拉回宇宙中，喚醒我的沉睡。

情人湖的山林——老鷹的家，似一塊擴大版的翡翠玉石，那一座由數條小斷頭溪自然形成的不規則高地湖泊，是大武崙山腰際間繫掛的墨綠絲帶，被取名為情人湖，呼應了風景的浪漫與幽靜。浪漫的人說，情人們攜手過橋，就會有好姻緣。步道、吊橋、觀景平台亦為整座情人湖與山林穿插點綴，像個逗點。最經典的散步路線則是沿情人湖北面的稜線走到盡頭，整片海洋、基隆嶼，以及近處澳底漁港，和更遠所在的野柳岬角都一覽無遺。

如詩的古老山徑

很多年前，發生在情人湖的一段故事，是我台北表伯父的獨生子，也算是我的遠房表哥，在十七、八歲時，和同學來這裡露營烤肉，傍晚游泳時，因為穿牛仔褲的關係，不小心捲入漩渦，身體被浸水沉重的牛仔褲拖住而溺斃。後來這座湖，也發生過幾次意外，市政府於是禁止遊客游泳戲水，對當時還年幼的我而言，除了大人們的遺憾傷心，也因青春的驟逝而讓這座湖籠罩一層神祕氣氛。多年來，每當我沿湖行走時，很自然地慢下腳步，且不太靠近湖畔，因為我總是會想起那一位年輕的表哥，不知他究竟是怎樣沉睡於湖底，小孩子又特別愛幻想，天馬行空。

當然，情人湖並不是悲傷的，就像人生悲劇的發生，不代表人生就是悲劇，這種道理到很後來才明白。情人湖的喜劇是，我大表哥的未婚妻就住在入口處的人家，在我很小的時候，要去情人湖必須從大武崙基金公路的入口處，順著羊腸小徑似的鄉村泥濘小山路繞來繞去，穿梭竹林、魚池、芒草，一路往山頂前進。下雨天就更慘了，徹底變成一條爛泥路。據說，當年迎娶我大表嫂時，可是費了九牛二虎工夫，一路坐轎子從情人湖山上顛簸搖晃而下，每一位曾經參與這場壯觀的迎娶場面的親戚們，回憶這樁喜慶往事時，總是笑呵呵地滿懷開心，有時讓人忘不了的，反而是這種有意思的樸素趣味。

這條從基金公路通往情人湖的古老山徑，曾擁有滿山遍野的芒原，秋天芒花開時，搖曳在陽光下或風雨中的另樣雪色，如許詩意而美。隱藏山間裡的瀑流與溪澗，偌大荒山野嶺，是我朋友外公家的土地。我們一群人在十幾歲時的莽撞青春期，曾來此山區探險玩水，如今這些山景完全消失殆盡，蜿蜒的山路已拓寬成一條筆直的公路大道（基金一路208巷），沿途的山林則開發為醫院及大型住宅社區。

順著這條新的寬敞馬路馳騁而上，越過情人湖公園，轉幾個彎過大武崙砲台，

1 座落在晚霞之上的情人湖　2 情人湖的山林，是老鷹的家
3 樹梢上的樹鵲，寧靜中的靈動　4 養鴿人在此讓鴿子放飛，找尋回家的路

往上一點大武崙山頂有一處高地平台，是鳥瞰整個外海、基隆市區及更遠九份、雞籠山，乃至七堵、汐止一帶綿延丘陵的絕佳之處。

「平靜之地」的空行境界

行動咖啡車盛行的公元兩千年期間，假日時我常和先生帶著孩子們在這高地平台喝咖啡看風景，孩子們在一旁玩耍。常有養賽鴿的人們從外縣市來這裡放鴿子，鴿子知道回家的路，當鳥籠打開時，牠們振翅飛翔，往家的方向前進；養鴿的人一邊放鴿子，一邊談起鴿子的風光賽事，我們眼睛注視著漸行漸遠的鴿子，直到完全消失在天空，目光才又轉回腳下懸浮海面的基隆嶼。

海洋的風光千變萬幻，每一天、每一時、每一刻所見都不同，都如此迷人，像一面讓人永遠著迷的魔鏡。眼前開闊的視野，讓人一掃雨天的抑鬱，或是工作的煩憂。這裡亦是我觀海的聖地之一，直到幾年後行動咖啡車消失了，孩子們邁入青春期了，我也離開出版界的文學主編工作，更專心於創作，少了時間來此朝聖。

從大武崙山頂不走回頭路，繼續朝山的另一面開車下山，盡頭是中山區的德安路、復興路口。這是一條很美的山區產業道路，離我的住家也很近。清晨時分即有人們晨運健走，到早起會喝茶寒暄，密布的竹林盛產著夏天鮮嫩的竹筍，道路左側是內木山，右側有陡斜的登山坡道可連接到外木山海濱。

我特別喜歡夏天時，驅車或漫走在這條產業道路上，蟲鳴的聲音、鳥叫的聲音、風的聲音、樹林的聲音、安靜的聲音……，空氣清新如洗，像一首夏天的詩歌。

當然，這一帶都是老鷹盤旋的領域，我與老鷹比鄰而居，從我家陽台聽見了老鷹的召喚聲，看著牠旋飛而來，忍不住與之歡呼。

我無法跟你說，海洋與老鷹對我的重要性。海洋是我的源頭，老鷹是我的意識，如果沒有這些海洋，如果沒有這群老鷹，那麼我的生命情調絕對不同，也失去我與宇宙、萬事萬物的重要聯結，他們是我神奇的納斯卡線，喚醒我內在的神性。

如同一位印加女巫所說，她喝的不僅僅是水，而是整條亞馬遜河流都匯入她的身體。生命是一場顯化夢想之道，也讓我更明白，我不僅僅是我，所有的海洋、老

1 在基隆，隨時都可在山與海之間切換視窗　2 大武崙山腰際繫掛的墨綠絲帶「情人湖」

鷹也都是我。

歡迎你跟我一起蒞臨老鷹的家，不論是從大武崙基金一路２０８巷或是復興路、德安路口出發，你都可以在這條綠色的山道上，發現老鷹的飛行地圖。情人湖與大武崙砲台都是最好的北海岸觀海地標，不妨在此發呆一陣，散步一段，呼吸著海洋與山林略帶濕意卻最純淨的空氣，然後進入老鷹「平靜之地」的空行境界，目睹自然的運行，與萬物合一。

遍路家山

中正公園

鄭順聰

登高至頂，遠望山海市街的漸層景致後，你問穿著家常的基隆人：「請問，下山要走哪一條路？」

這會讓基隆人陷入長考，不知如何回答。

這是朋友小歐告訴我的。

在基隆，上下山沒有絕對的路。

由於山巒四周多被聚落環繞，渴望綠意的人們，以腳步、以汗水、以時光，踏出一條條小巧山徑，四面八方走各自的路上山，下山自然也四通八達。

不僅只雨絲，如網撒布的道路，共同織就了基隆。

基隆人最熟悉的踏青處，莫過於田寮河畔的「中正公園」，主普壇與觀音像同為雨港的象徵，還有忠烈祠、寺廟、醫院、市議會、學校、古蹟、數不清的小公園與早起會……可說是基隆元素的大集合。

上山下山的路徑，從小到大的回憶，人為自然結合的風景，各種排列組合，讓走踏中正公園的可能，趨近無限。

生活百貨公司

而小歐帶我走一條日常的路。

從劉銘傳路她家出發，銀蛇橋弓起背讓我們跨過田寮河，探入粿仔湯旁的義六路，往中正公園而去。

先被信義市場半路攔截。

市場本體是棟簡樸的水泥樓房，裡外周近匯集著店家與人潮，食衣住行各種所需樣樣齊備。市場不只是市場，小歐親密地喚她「信義百貨」。騎樓下的逛遊者與叫賣聲塞車連連，雖不那麼乾淨明亮，但小歐就愛這間百貨公司，媽媽更愛，家人分頭到這裡尋寶覓食，這是生活之必要，也是歡樂的源泉。

小歐是六年級生，在基隆出生長大，從小就是個乖乖牌，人生平順，內心卻充滿困惑，她羨慕那些跨出舒適圈、勇於追求自我的人。二〇〇九年，她毅然而然到日本的四國環島，拜訪八十八間佛寺，徒步一千兩百公里，經歷風景與心靈的洗禮，將跌跌撞撞的行旅寫成《遍路：1200公里四國徒步記》。

書完成後，她回頭轉眸，日本有「四國遍路」，那故鄉基隆呢？於是她養成早起習慣，清晨即起，就到家附近的山巒登高，中老年人以健身與交誼為核心，小歐以一雙年輕的眼、作家的心靈，重新探索基隆。

所謂的遍路，本為古代日本真言宗的修行方式，如今則轉化為現代意義的戶外運動，透過徒步巡禮，祈求福康，沉澱心靈，探索自我。

我們結伴遍路，義六路續往前行，擇僻靜的小巷而入，在「小北投」水泥住宅

1 中正公園是溜小孩的首選　2 基隆顏家奉安塔門口的家徽
3 大佛禪院高挺的觀音，是基隆的象徵　4 柱間題滿對聯的「天鵝洞」白色涼亭

的幾何形狀與色塊間徘徊駐足。爬坡續往上，駁崁一色青苔，繞過成功國中後門、經顏家墓園（雖不得其門而入，家徽足見往昔風華），從興隆寺圍牆的縫隙鑽出去，呼嘯的汽車將壽山路拉得粗闊。

我們在中正公園的輻輳。

山林間的史蹟館

斜對面就是基隆史蹟館，館內介紹基隆的歷史與地理，是個連在地人都找不到的史蹟，本名為「紫薇山莊」，是基隆民選市長的第二代官邸（第一代是中正路的日式房舍）。史蹟館用文字、圖片與模型，訴說基隆的發展歷史，內容相當豐富，跟文化中心側旁的基隆故事館相輝映。

若要認識基隆，中正公園本身就是一座史蹟館，到處是故事。

通常要從信二路的牌樓穿入，日治時期乃神社，國民政府來台，改奉祀國家的軍魂，轉型為忠烈祠。續往上走來到「主普壇」，那是中元祭時舉辦蘭盆勝會、普度水路亡魂的主祭壇。每到農曆七月，穿越大業隧道來到入夜的基隆港，主普壇就在山上閃爍著迷眩，簡直是漢人想像中的仙界奇境。七月十五日，通往主普壇的路更是擠得水洩不通，門埕那蓮花造型的水泥高台，仙界樓閣般的宮廷式主祭台，是基隆人共享的中元印象。

續往上拐個彎，便是大佛禪院，投幣式電動車洋溢著童趣，而觀音像永遠在那兒，兩尊巨獅扶著圓球護衛，再由涼亭碑記圍繞著，要走到臨港的欄杆望遠，才能圖個清淨遼闊。

回頭望，這尊高挺的觀音，儼然基隆的象徵。當船隻歷經洶湧波濤，周周折折來到港埠內，抬頭望見觀音，內心的波濤隨之平靜，觀音的面容，是撫慰人心的慈祥法相。

基隆的孩子不只看法相，還鑽入觀音像的內裡，透過圓窗往四周望，最後從觀音的胸懷探出頭來，張開一雙童稚的眼，多麼純粹的基隆港啊！

中正公園，矗立著大人的各種精神地標，同時盈溢著孩童們的回憶，在忠烈祠下、市議會旁的兒童遊樂區歡跳，小歐說，這裡是偷懶的大人遛小孩的首選，裡頭有各種遊樂設施，猛獸色彩鮮豔、造型童趣，水泥凝鑄的溜滑梯，尺度與造型天馬行空，基隆孩子的童年，就從頂端順著長長的滑道溜了下去。

古典文學步道

走在明晃晃的壽山路上，陽光將我們晒得無法招架，經過一間主殿婉拒拍照的寺廟，我們進入了「天鵝洞」。

這是處現代造型的中國式園林，有人說是台灣第一個文學步道，涼亭全漆成白色，柱間題寫對聯，書法字搖曳多姿，還有人專程來此拓印于右任的墨寶。

不像我嘉義的長輩們，家門一開就是田地菜園可活絡筋骨。基隆的特殊風土，讓雨港的人們慣往山上健身，走著走著山友熟稔了，便組成健行團體，清早找個山間平坦處，跳舞、泡茶、野餐、唱歌，聯絡感情、交流訊息，這便是名聞遐邇的「早起會」，全基隆少說也有幾百個。民國四十九年，在地士紳向市政府申請，在天鵝洞成立早起會，會員最多曾達數百人，這是基隆早起會「登記有案」的發源地。

我們在山陰處走覽，骨白涼亭立於墨綠林間，風格充滿對比。鐵網包籠著神獸，再將水池圍成台灣島的輪廓。老阿伯泡茶閒聊，看到我拿著相機，隨即報明牌，說他聽了一個早上的咚咚咚咚，原來，林間有隻啄木鳥。

我們趕緊追了過去，只見樹幹上空餘著洞，日光鑽過樹隙，啄木鳥不知何處去了。

走向世界的盡頭

大學畢業搬家到劉銘傳路之前，小歐住在山的另一頭，讀中正國小。中正公園的景點如此之多，小歐最記得的，是國小遠足走到電信塔旁的三叉路口，那樣寬闊且帶著大面積的斜度，一條路通往市立體育場與基隆女中，一條路可抵觀音像與主普壇。回溯小時候遠足的路，途經役政公園的戰車飛機鐵殼，二二八紀念碑黑色螺旋柱直頂天，平闊的二沙灣砲台是遛小孩的新天地，側旁的小路，通往一級古蹟海門天險，再通往串珠步道，是條小溪蜿蜒的清幽祕徑……。

遍路回憶，我們結伴繞過十八羅漢洞，路旁有處平整的空地，地上畫著白線，是基隆人考駕照前的非正式練習場。柏油道路的終點乃壽山四面佛，假日有咖啡餐車研磨悠閒，聖濟宮供奉齊天大聖，建築風格猶如許梓桑古厝旁的土地公廟，灰色水泥塑出簡樸與清爽。

尋了個缺口，我們在中船里「落崎」（下坡之意），只見兩旁的牆壁漆成鮮豔橘，沿山而建的房屋，四輪以上的車進不來。老阿媽數十年如一日爬階梯，累了就把塑膠袋放下，從市場新買的鮮果菜蔬也跟著暫歇。而勇猛的摩托車騎士，載人載貨載著高超的技術，油門一催就不能停，直攻山頭，這是基隆人超強的越野本領。

離回憶的原點愈來愈近，山腳的三沙灣是美食熱點，點了米苔目配吉古拉小菜，當然要有甜辣醬，才是正港基隆味。

走中正路，經過北白川宮能久親王的紀念碑，龐碩彎曲的高架橋是新搭建的，小歐說，這是她國小通學的道路，靠山的那面有棟廢屋，位於方型巨石上，流傳著恐怖的鬼故事。海門天險的入口，樓梯既濕且陡，小歐在那兒跌倒過，再也不敢走了……。

貨櫃的碰撞聲比車的引擎聲更為駭人，小歐望著東岸碼頭，各色貨櫃堆堆疊疊，橋式起重機吊高吊低左移右搬如同俄羅斯方塊。

還是孩子時，小歐總以為，那就是世界的盡頭。

回到記憶的原點

站在廢棄的老屋前，看著屋梁傾倒、簷瓦破裂，地面糾結著大量垃圾。這是基隆的市定古蹟，曾是雞籠文史協進會的辦公室，歌手李心潔〈又下雨了〉MV的拍攝場景。在這之前，是小歐溫暖的家，出生成長求學住了二十多年。一九三一年，這棟華麗的日式宅邸落成，是自動車會社老闆流水伊助的社宅，一度

1 從中正公園龍頭山上眺望港區　2 中船里鮮豔麗的橘黃牆壁
3 二沙灣砲台　4 串珠步道，其清幽與隱密，基隆罕見

移做基隆要塞司令部的官邸……經年風吹日曬，抵不過政府的忽視，這幾年，一次又一次崩毀。

小歐沒有太多表情，淡淡陳述她與姊姊爸媽和外公外婆在此的生活。屋前的小水池，是外公養魚戲水的地方；房舍太大，某些偏僻的角落，她不敢接近；獨處在家時，多次聽到腳步聲，那些對話，不知是哪國語言……。

石砌的駁崁最堅勇，撐持著老屋，我們在底下空空望著。小歐指著那對精緻的木櫺窗，說是她們姊妹的房間。

從這道窗，小歐看著基隆的變化，望著橋式起重機與貨櫃，凝視世界的盡頭。人總會長大，離開原初的回憶，穿越童年的邊界，到遼闊無垠的世界探索去。探索的角度各式各樣，上山下山的路徑有各種可能，但無論走到哪兒，她都在這裡，都離不開基隆，都要回到感情的原點，中正路旁，那棟頹圮的老屋。

最後的結果，是崩塌坍方全然消失？

彷若靈動的眼睛，木櫺窗眨了一下。

輯二

雨落

引言

去舊金山別忘了戴一朵花，來基隆也請別忘了帶一把傘。特別是夏天結束後，到隔年梅雨季節結束時，漫天漫地的雨一下起來可是沒完沒了。

本來前幾年下雨的日子，也稍微減少了些，這幾年來歷經全球暖化潮，似乎呈現絕對的態勢，不是雨季，就是非雨季，已經沒有春夏秋冬不同的鮮明氣候了！

但下雨也不是多麼了不起的事，基隆孩子對於下雨必須外出這種事，已經稀鬆平常，儘管嘴裡說著：「啊！又下雨了！」撐著一片傘天，該去喝豆漿，吃早粥，買蔥餅，外加一碗大餛飩湯的，還是如常進行著，走進了騎樓亭仔腳，那傘也可以收起了。

只是風不要太大，否則去港邊星巴克喝咖啡的路上，偌大雨陣就順著強風從海上直撲而來，但這也是一種濕雨中的風情吧！

我記得很早以前有一位前輩女作家，一聽到基隆，就很興奮地說：「哇！好浪漫喔！下雨天撐著傘走在路上真的好詩意喔！」

前輩女作家必然有著瓊瑤式亙古不逝的少女心，所以一聽起下雨就滿心嚮往，她可是住在終年陽光照耀的中部台灣，似乎不明白面對連續兩個月一直下雨的那種「爛漫濕意」心情。

但無論如何，總還是要以天真的樂觀去面對下雨的日子。如果你來基隆，下起雨了，也沒關係，雨天也有雨天的玩耍方式。

我其實喜歡下雨天，尋找一家小咖啡館，帶著一本書或者筆記型電腦，點一杯拿鐵咖啡，無論周圍嘈雜與否，都可安靜享受一天的閱讀或寫作時光。基隆的咖啡館算是走在時代的先端，從早期帶有濃濃日本氣息到現在獨樹一格的創意形式，都可以從中看見咖啡館主人的咖啡之夢，一種對生活藝術的塑造與投入。一杯咖啡，代表著咖啡館主人的用心待客之道，也代表著獨一無二的基隆咖啡文化。

基隆的咖啡館是我的寫作之所，也是我閱讀、歇腳的地方，如果你來基隆，除了逛逛廟口，吃吃小吃，也可以來一杯在地的基隆咖啡。（文字／鄭栗兒）

五十年老橋下的咖啡香

金豆咖啡與品味迴廊

鄭栗兒

小魏跟我說，你再不來寫31號橋的故事，再過幾年都更後，這座橋就不見了！外表像個酷男孩的小魏是31號橋下金豆咖啡的店長，我同學叫她金豆妹妹。

位於中山高速公路一進入基隆市區左側的31號橋，建造於民國五十二年，自從在橋另側的成功二路開設「阿芭光之花園靜心坊」後，這座聯結成功二路與忠四路的五十歲老橋，就成為我經常進出市區的通道。從31號橋中段的小台階走下去，來到很有艋舺風味的卡拉ＯＫ區，沿著橋下開設了幾間戶外咖啡店，樣式很像是舊時的「茶店仔」，其實是道道地地的「加比店仔」。

街頭亭仔腳的時髦氣息

金豆咖啡是其中最早、歷時最久、也最有名的一間，裝潢樣式極為簡單，卻又帶著某種獨特的懷舊氣息，一排小盆栽遮掩川流而過的車水馬龍，形成一方天地，濃郁的咖啡香瀰漫在三岔路街口。其所引領的平民咖啡風潮，堪稱為基隆咖啡館的「前輩」，且將喝咖啡的時髦徹底帶入港邊風情及街頭亭仔腳中。

當台灣還是咖啡文化沙漠的一九八〇年代，一向以繁華商港、領先潮流為傲的基隆人，所謂喝咖啡的這種洋玩意，早已透過當時的廟口商圈及港邊的海韻、佳欣、華帥、碧富邑及上島等接近日式風格的咖啡館而逐漸盛行起來，不過那時的咖啡館主要是搭配簡餐。一九九〇年初，結束遠洋跑船生涯，近五十歲的王國生，在31號橋下展開他的第二人生，一張小吧檯外加兩、三張椅子，擺攤賣起以「賽風」（Syphon）燒煮的單品咖啡，從三十五元到現在一杯五十元，見證基隆的港務風光從興盛到衰頹，並在五十年老橋的庇護下，安然歷經二十多年黃金時光。十幾年前王國生病逝後，金豆咖啡由兒子王鴻麟接手經營。

1 31 號橋下明德商場一隅　2 1990 年開店至今的金豆咖啡　3 橋齡五十餘年的基隆 31 號橋

橫跨兩代的金豆咖啡店之所以能夠歷久彌新、屹立不搖的原因，當然是咖啡好喝又便宜，一杯拿鐵五十元，但最經典的並不是義式咖啡，而是小魏口中的「老」咖啡（黑咖啡加奶精、糖），加上開放式空間，讓客人很有尊嚴地在此抽菸、喝咖啡，舉凡報關行員、船務公司職員、計程車司機、碼頭工人或自由創作者、家庭主婦等三教九流，都是這家小店的熟客。

這家小店，其實像極了日本漫畫《深夜食堂》那種很小品卻又帶點個性與人性的調調。是的，一杯好咖

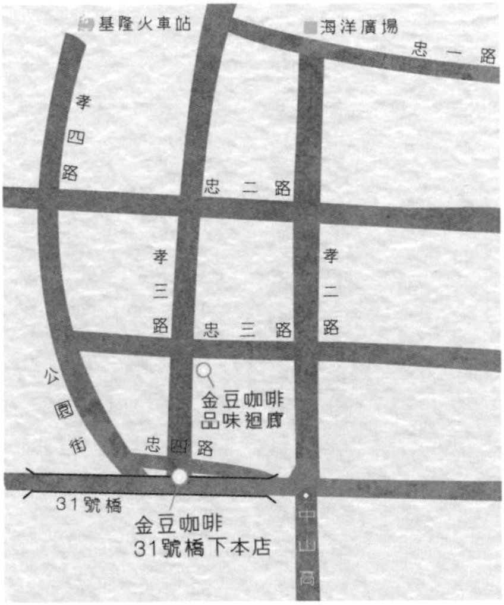

「金豆咖啡」橋下本店與品味迴廊分店位置圖

啡，要配上好人情，才是一家完美咖啡館存在的理由，許多年來，無數老客人每天總要繞來這座陋舊老橋下，在這喝上一杯咖啡，將之視為自己另一個「客廳」般自在，兩代的老闆對好咖啡的堅持及好交朋友的魅力應該是最主要的因素。

一杯好咖啡值得等待

對此，煮了近二十年咖啡的王鴻麟說：「隨著時代的演變和這個城市的進化，有些客人老了、消失了；有些客人離開，去了別的城市，但這家店的態度及穩定的品質始終如一，這家店的靈魂是咖啡的延伸，所有人因咖啡而來，咖啡是一個媒介，最重要是透過咖啡交朋友。」

王鴻麟所謂的態度，套一句經典的廣告台詞：「好咖啡要和好朋友分享。」更貼切一點的說法是：「來喝好咖啡的，都是好朋友！」煮好咖啡是一種態度，交好朋友更是一種態度，這種態度也沿襲自父親王國生的堅持。

「原本我父親不希望我接這家店，可能是希望我在社會上多歷練吧！所以他不喜歡我進去吧檯，一個吧檯容不下兩個男人，因為對煮咖啡的人來說，吧檯是神聖的領域！我人生中第一杯親手燒煮的咖啡，是二十八歲時趁我爸不在時自己偷偷煮的，結果煮出來完全焦黑一片！」很難想像王鴻麟的第一杯咖啡是這種慘狀，已經煮了十幾年咖啡的他，據小魏敘述他的咖啡精準到能掌握節氣的變化及空氣中的溫度、濕度，而呈現出最完美的品質。

「吧檯是你的中心，你站在那裡，整個心要定、要穩，不能因為客人的催促就亂了手腳，這樣煮不出一杯好咖啡。」王鴻麟沒有忘記父親生前的耳提面命：「客人跟你講什麼，不要管，只要管好你的咖啡。」

據說這位很有個性的前老闆完全不受客人支配，在愈來愈講求快速的社會價值觀，一杯好咖啡值得等待，這也是王國生傳承給兒子的咖啡精神。此外，他也要求兒子每天顧店時，要先煮一杯咖啡試試味道，過一陣子後，問他：「是不是每一天的咖啡味道都不一樣？」

金豆經典「老」咖啡

1 以虹吸壺燒煮的賽風咖啡，便宜又好喝　2 金豆咖啡品味迴廊，散發歐洲的書香氣質
3 咖啡與基隆人文合而為一

記憶獨特的雨港風景

一個人不可能踏進同一條河兩次，生命的每一刻經驗都是截然不同的，同樣是曼特寧或巴西咖啡豆，也不可能燒煮出完全一模一樣的滋味，對燒咖啡的人來說，唯一要做的，就是想辦法讓味道接近，這就是咖啡之「道」。

不能催、不能趕，對好咖啡的認真，王國生是龜毛的，但對待客人他卻是相當大方，往往客人喝完一杯後，都自動為他們續杯，不另收費。為了服務鄰近魚市賣魚的早客，早期金豆咖啡一大早七點就開門了！

試著想像一個畫面，一九九〇年代的基隆，半夜兩點開場的崁仔頂魚市，整夜熱鬧喧囂喊賣到凌晨天亮，收工後的魚販和跑夜車的計程車司機，及工作整晚的碼頭工人們不約而同來到31號橋下的金豆咖啡，喝上一杯早晨的咖啡提神，和王老闆閒話家常，順口談起這一晚的收穫、家中的大小事……，就像日本築地魚市的愛養咖啡一般，這樣帶有一點點滄桑的基隆特殊藍領咖啡風景，不是令人感到深深動容嗎？

二〇一二年夏天，秉持對基隆咖啡文化的創新及喝好咖啡運動，王鴻麟在鄰近忠三路佛具店街的一幢老建築透天厝，開起另一家「品味迴廊」分店。不同於金豆本店的戶外江湖風味，嶄新的金豆品味迴廊不僅是室內咖啡館，在原為美術設計的老闆娘美子的精心布置下，展現截然不同的歐洲咖啡館書香氣質，很適合讀書人或文青在此消磨時光。而且，為了堅持對文藝的熱情，美子毅然將整個二樓空間闢為藝術展場，她希望這裡將來是基隆的文藝沙龍，可以讓作家或藝術家在此分享創作心得、展示畫作和藝術品，讓金豆咖啡與基隆人文合而為一，形成並記憶獨特的雨港風景。

喝咖啡是沒有階級的，這是金豆的鴻麟與美子教會我的事。不管是三教九流，或是知識分子、藝術家、創作者，每一個人都值得擁有一杯好咖啡，都值得在忙碌的步調中，享受悠閒而從容的咖啡時光。

基隆港的第一扇窗

咖啡護照

鄭順聰

氣候往往不那麼理想，黏膩雨絲蒙以東北季風，讓人想找個地方安頓。某回同一群朋友到基隆走走，竟日大雨，作家高翊峰絲毫不顯窘迫，反一派優雅地說：「這樣很好啊……若有個咖啡廳可以待，看看雨、寫寫作……這樣很文學啊……。」

群山繞圍、細雨罩籠的基隆港，讓人快不得急不得，可以騰出時間沉澱、思考。安坐咖啡護照角落，隔去外頭的濕冷與喧囂，這裡開窗的幅度剛好，恰可展望海洋廣場，有時還有華麗郵輪可賞。

打開菜單，展頁有篇序語，老闆自道：某日看電視旅遊節目，介紹歐洲人喜歡

窗外，雨中的海洋廣場與郵輪

搭火車四處旅遊，尤其是登山火車，隨著地形高低起伏變化，風景美不勝收。當火車到達新國度時，就會在乘客的護照上戳印……這讓老闆萌生想像……若有一天，能開設屬於自己的咖啡店，就要叫Café Passport。

實在與溫馨

老闆姓陳，在基隆出生、成長，青壯年時在台北從事室內設計，但工程的繁瑣與衝突讓他的壓力瀨臨破表。二〇〇八年，他的姊姊頂下這家店，本只是抽空幫忙的他，漸被咖啡的香氣吸引，從繪圖與施工的繁瑣眉角，轉而沉浸於研磨與沖泡的手工觸感中。

相對於室內設計，店長說這工作「沒壓力」，人潮洶湧是當然，有時是閑靜的午後，與客人單獨相對，不刻意攀談，客人坐在窗邊任天光灑落書本，他則守在櫃檯挑選咖啡豆，不需言語，無繁文縟節，這裡有默契與信任。

「實在與溫馨」，是這家咖啡店的特色：實在，指的是三明治餐點，麵包使用日本品牌YAMAZAKI，蛋是優質的紅仁，三明治有總匯、鮪魚與沙拉水果，鬆餅除了原味，鮪魚與水果任選，飯糰的飽滿與氣味，讓許多客痴迷，有梅子、小魚口味，特別推薦鮭魚……相對於台北，這裡的餐點價格廉宜，食材講究，不僅只熟客，還吸引許多年輕人揪團前來品嚐。

溫馨，是室內的氛圍，約若二十坪大小，窗框與牆面的拚布都是店長太太親手編織的，人的溫度，暖呼呼。

這裡的咖啡不調味，都是單品，採用UCC的咖啡豆，用摩卡壺沖泡之後端上，金屬壺身銀亮俐落，壺嘴、壺蓋、底座渾然一體，在開、闔、提、斟間，生發機械時代的手工操作感。細心的客人會注意到精巧的器皿，尤其是托盤，是店長的姊姊專門從日本帶回台灣（多麼委託行的基隆精神啊！），邊緣弧線轉折優雅，類漆器的表面，一撫摸，心沉氣靜。

咖啡也有自己的步調

民國四十五年次的老闆，國民教育九年制第一屆畢業，辭修高中第一屆，回基隆接手咖啡店，也是臨基隆港第一排。沒有飛天鑽地的咖啡經，來這家店，就是「品一口咖啡，徜一片海藍」。從競爭扭曲的台北回返基隆，老闆淡然看人生，認為凡事喜歡就好，不必強求。

咖啡也有自己的步調。

老闆接手經營時，海洋廣場剛好整修完畢，二〇〇八年起，他在此觀看晨昏變化、季節輪替、市況興衰。他覺得，基隆港相當可惜，沒有夕照，無法像淡水可以

1「咖啡護照」位於港口第一排，與城隍廟比鄰　2 並置的摩卡壺，銀亮俐落
3 溫馨、手作，每個角落都有巧思

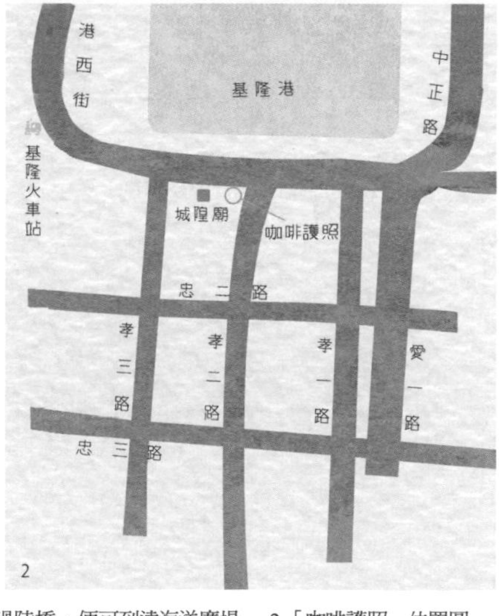

1 搭火車來基隆，通過陸橋，便可到達海洋廣場　2「咖啡護照」位置圖

慢慢欣賞晚霞；港市沒有合一，景色不那麼劉整，不若九份與金瓜石可以拉出山海的壯闊與層次。

但基隆港有個獨一無二：鷹來鷹去。

老闆記得，某日港口突然聚集滿天的飛鷹，他算了算，多達三十幾隻。有的凌於高空，或陡落點水，展翅翱翔時更是引人驚嘆。

那是基隆港的魔幻時刻。

藉香味周遊世界

「厭煩與期待」，店長太太這樣形容基隆的雨。成日細雨讓人膩煩，但久久不下雨，就會想念它。這樣的矛盾，也可以形容基隆的街道，曲折複雜繁瑣惱人，卻又藏著奇妙的細節。雨絲與街道，讓這裡糾纏著複雜的情緒，於是需要像咖啡護照這樣的所在，用適當的距離，靜觀基隆港，細細理出雨絲與街道，朦朧又迷人啊！

於是乎，開車過大業隧道，從高速公路直下孝二路，海洋廣場展開在前，與忠一路T字型相交處，這是全基隆最繁忙的路口，從早到晚車流不曾停歇。為方便行人，架設空中陸橋，或從地下道迴旋而出，便是瓦黃磚紅的城隍廟，在轉角處尋陡峭樓梯再迴旋而上，心情轉換，落下戳印，這裡是咖啡護照。

咖啡豆多以生產國與出口港命名，咖啡護照的初心，就是希望藉由咖啡，讓氣味帶著顧客周遊世界各國，品嚐不同的風味——也是基隆的本色，從港口出發，航向世界各地，到異國探尋冒險。

就是這樣的空間，就是咖啡護照，臨基隆港的第一面窗，可以沉澱心情，安頓心神，無論晴天或雨日，都是美好的天氣。

濱海公路的咖啡夢
關於咖啡

鄭栗兒

我不在家裡，就在咖啡館。我不在咖啡館，就在去咖啡館的路上。

這是維也納一名藝術家的經典名言，出自一九九五年我在時報出版擔任文學主編時出版的旅歐作家張耀所著《打開咖啡館的門》。

為什麼提這本書呢？因為這本書算是當時引薦歐陸歷時三百五十年咖啡文化的重要之作，影響一時，同時也鼓舞了許多人開設咖啡館的夢想，「關於」咖啡的老闆阿寬也是其中之一。

阿寬這個名字，無數次從我的耳邊流過，在基隆算是咖啡界的名人，因為一些很特別的咖啡店都是跟他拿烘焙的豆子，不然就是受他的感召、支持，進而開了一家屬於自己夢想的咖啡館。

環保ＤＩＹ改裝

二〇一一年五月十三日，十三號的黑色星期五，是我的生日。本來和先生打算去八煙泡溫泉，但時間有點來不及，兩人便開著車沿濱海公路隨興兜兜風，經過八斗子、望海巷後，在基隆與瑞芳交界處一家以漂流木簡單布置的咖啡店「關於咖啡」（About Café）停車。

天空下了雨，解除些許旱象，但海邊的風景略顯淒涼滄桑，車子開到「關於」時，其實還沒確定這是一家什麼店，突然一名長得很性格的中年男子在門口現身。問說：「有開店嗎？」他點頭。

進門後，發現是一家很特別、全是ＤＩＹ的咖啡店，從沙發、桌子、隔間、漂流木、坐墊、吧檯……，全是環保拼湊改裝而成。和老闆略談一下，原來他就是久聞其名的阿寬，我找了很久的海濱咖啡達人。我們還有許多共同認識的人：畫家嚴凱信、黑兔兔、王傑、龍君兒等……。

我們聊了許久，阿寬談起他是金瓜石人，原本在金瓜石也開一家咖啡館，某一天陽光極好、極燦爛，他騎著車沿濱海公路，從金瓜石來到這裡，看著眼前這片大海，特別閃閃發光，好像在呼喚他。然後，發現這間老房子貼著「出租」字條，他就決定在此開一家咖啡館。

全方位咖啡館達人

我們所以聊起來是因為張耀，因為我發現店內有一張很早以前張耀的音樂選輯──馬德里 CD 專輯。阿寬說，他是因為張耀的關係，因為那本《打開咖啡館的門》，而決定了打開自己的咖啡館大門，開一間屬於自己的咖啡館。

我說這本書是由我主編的，也許下次張耀來台灣時，可以約他來這裡彼此認識一下。真正讓我感動的是，因為一本書而影響一個人的人生和他的際遇，激發一個人的生命夢想，這才是身為編者或是作者最不可思議的回饋吧！

我點了一客義大利香腸，才知道香腸是老闆自己灌的，咖啡豆是老闆自己烘焙的，提拉米蘇是老闆自己做的，連店內好聽到不行的小提琴組曲等，也是老闆自己進錄音室專門製作的咖啡館音樂。每週固定某個晚上，他舉辦著異國料理聚會，讓大家交流世界美食的美味與做法，同時因為喜歡騎單車的關係，他也策畫一些同好的小賽事（這是一、兩年後寬嫂跟我說的）。

真是無與倫比全方位的咖啡館達人了！所喝的這杯拿鐵咖啡，應該是我這一年最棒的生日禮物，恰到好處的奶味，又不失咖啡香與濃度，我為這杯咖啡打一百分。

咖啡館養的黑貓（名叫花花）一躍跳到桌上，從窗戶望出去的招牌與公路、海濱場景，我忍不住跟阿寬說：「很像溫德斯公路電影的畫面，如果你讀過他寫的《一次》那本書。」

1 利用環保素材改裝而成的「關於咖啡」　2 除了咖啡、美食，這裡也提供好音樂

3 黑貓「花花」愜意地在店內休息

無所事事的甜美

熱愛古巴音樂的阿寬喜愛義大利美食，卻從未去過義大利，我說有一部電影《享受吧！一個人的旅行》，他一定要看，還有義大利經典名言：「無所事事的甜美」。

他說，將來無論如何一定會去義大利一趟吧！

離開前，我跟他說，張耀已不喝咖啡，現在迷上雲南老茶樹的普洱茶，在上海開茶館了（張耀的上海茶館目前結束，另在台北麗水街開張，店名叫「一茶會」）。

「關於咖啡」位置圖

那天真的是一次很棒的生日經驗，在阿寬的咖啡店，喝最棒的咖啡，聽最棒的音樂，以及帶著強烈人文景致、令人難忘的公路電影風景，看見一個夢想的實現。

後來，關於咖啡成為我近幾年常去泡的咖啡館，但在下一次造訪時，就完全由寬嫂淑綺主掌整家店，阿寬回到金瓜石開民宿去了！屬於寬嫂的關於咖啡也很有趣。我喜歡寬嫂的可愛造型，笑起來很孩子氣。

我的固定招牌咖啡除了拿鐵，還是拿鐵。如果和朋友一起去用餐的話，我們都會點一盤很棒的炸海鮮，選用的食材非常新鮮。我們在這愉快地喝咖啡，享受美食和風景，玩玩店內擺設的舊鋼琴，讀著心愛的一本書，或有一搭沒一搭的聊天、上網。一家咖啡館給人就是自在放鬆，感受它的品味與態度，喝一杯完美咖啡，再有一場完美的海濱公路畫面，真的就千載難逢了！

盡情揮霍一整個下午

咖啡館不僅僅在喝咖啡，也在養成一個作家或藝術家，無數的作家在咖啡館中尋找靈感，創作，我亦然。在《打開咖啡館的門》中，張耀說了一段動人的結語：

在西方泡咖啡館是一種「揮霍」，揮霍你的時間。要看穿光陰，忘記時間寶貴這個詞句，才有資格做一個咖啡館裡的常客。門已經打開了，桌上的咖啡怎麼喝法？就看你的人生哲學。

決定了咖啡怎麼喝法，就決定咖啡館和喝咖啡的人的關係，關於咖啡給我的感覺就是這樣，可以揮霍一整個下午，很值得！甚至有一次為了去這家咖啡店，讓我無意間出了個小車禍，可見我對它的熱愛程度。

儘管之後，我再也沒見過阿寬，總是和寬嫂閒話說：「妳老公在金瓜石，沒過來！」到後來，連提也沒再提，關於咖啡的名片上印著寬嫂的名字，內部也有些小變化，多了點女人的小趣味和整潔，但我總記得阿寬的咖啡夢想，當你勇敢去追尋夢想時，宇宙會聯合所有人，包括這片海景來協助你。

關於咖啡，關於海的一片夢想

在地最堅持

Eddie's Café

鄭順聰

我優遊在市井的氣息中。

為了找杯單品咖啡，我晃遊到華四街，看似老舊的現代社區，氣氛爽朗，很合我的胃口。

邊晃邊來個「路上觀察學」。蔬菜攤簡樸清香，亭仔腳的鐵門之上，那普普風的手繪廣告，是當年最流行的「吉利果」。整齊的透天住宅排排站，中間推出一座香爐來，燭紅大廳神明坐鎮，寓信仰於生活中，標準的台式生活——但最台的，莫過於三角窗的炒飯炒麵、自助餐與挫冰，覓食離家不用百公尺，這就是生活啊！

按照庶民的邏輯，這個所在合當泡茶抬槓……什麼？竟有一家咖啡廳，經營了五年多，在同業與在地文青的耳中，名聲很響，對外卻低調得如基隆的特產「防空洞」。Eddie's Café 的門面真是再日常也不過了，門口略略擺設，漆上鮮黃色，很實在、很基隆。

不必講太多，自在輕鬆就好，何必文藝腔小確幸？老闆表情就是那麼酷，腦子內可不簡單，以獨特的脾性與工夫，專注做咖啡。

最有在地視野的咖啡館

調味咖啡與鮮奶煮茶是很不錯，但我堅持單品，咖啡豆裝在透明罐子內，上頭貼著名稱與介紹——不囉唆，挑好了拿給老闆研磨沖泡，就先等待著……時間如一場小白日夢，飄浮在挑高四米五的空間內，異國風味的燈飾，俐落的掛畫，角落的CD醞釀著音樂，台式家居物件讓我重溫童年——最心喜那端上來的咖啡，把味

1 裝在透明玻璃瓶中的單品咖啡豆　2 簡單的空間，讓 Eddie's Café 散發平民氣息
3 復古又家常，這是基隆咖啡本色

道忠實地沖泡出來，杯子的造型復古，民國六十年代大同公司的庫存新品，造型夢幻的花朵印在白瓷上，在這個腳步停不下來的電子時代，在這樣的社區的這樣的咖啡店，室內裝潢點到為止，心情妥貼舒暢，真安心。

Eddie's Café 不定期舉辦活動與議題討論，主題就是基隆，是最有在地角度的咖啡店。

華一、華二路到華六，與光一、光二路等棋盤道路構築的光華里，位於獅球嶺下，舊名「嶺腳」（niá-kha），清朝是軍營所在地，日治時代乃重砲兵聯隊基地。之後政權換手，規模擴充組織更迭，民國六十年土地釋放給民間，興建現代化齊整社區。同時，也設立果菜市場，曾是基隆最熱鬧的地方，到此批發蔬果，採買南北貨，市況喧闐。民國八十年代，果菜市場遷移至他處，原地點新建仁愛區公所，綜合行政的各種機能。社區歷史五十年，當時的簇新轉眼老舊，活力依然充沛，在街巷漫步，不時嗅聞豬肉與魚鮮半熟的氣息，這是基隆小吃的前行基地，許多熟食的半加工品，甜不辣、菜卷、魚丸等等，預先在此料理，基隆人揮汗勞動的身影，就在白牆壁與磁磚構築的簡樸空間。

迭宕起伏的歷史場景

不僅只喝杯咖啡，從光華里走向獅球嶺，是一場充實的健行。就沿著山坡而上，以仁愛區公所旁的陳家古厝為標誌，這間完整的紅磚三合院，十分引人注目。沿著書院社區的環保步道而上，狹窄陡峭的階梯，是典型的基隆小徑，在平常人家的客廳與後院穿前繞後，漸次脫離沿山而建的聚落，來到蓊鬱的山林。

獅球嶺有隧道與砲台兩處歷史遺跡，相距不到兩公里，一在山腳，一在山頂。獅球嶺隧道，是清末劉銘傳在台推展的洋務運動中，從新竹到基隆的重要鐵路建設。由於穿越的地質構造複雜，氣候多雨，造成崩塌不斷。此地瘴癘之氣重，天氣炎熱加上營養不良，工人易染病，甚而「日有死亡」。天災之外還有人禍，外國工程師與兵士充當的施工人員，在觀念與習性上扞格，是以獅球嶺隧道全長二三五公尺，竟耗時兩年多才開通。由於工程品質不良，坡度陡急，常發生脫軌意外，日人領台隨即改換新道，獅球嶺隧道封閉廢棄。

現在來到洞口，就算夏日豔陽高照，從隧道深處吹來的冷氣，引人發顫打噴嚏。嶙峋的岩石是人力開鑿的劇力萬鈞，空間磅礡震撼，這是清朝第一座鐵路隧道，來基隆不能錯過的歷史場景。

從獅球嶺隧道往砲台而去，峭立的山路直上，先在南山早起會歇腳，走盤曲的山路，會先經過平安宮，建於嘉慶元年（一七六九），是基隆最古老的土地公廟，百多年來，庇佑著來往的行人。獅球嶺海拔不過一五五公尺，位於基隆往台北的孔道，制高點扼守著基隆港，歷來就是兵家必爭之地，在中法戰爭與乙未年日本攻台的戰役，曾發生激烈的戰鬥。獅球嶺砲台，是基隆港最內陸的砲台，高速公路從底下的大業隧道穿出，視野良好，長久以來，一直是全覽基隆港的最佳景點。

咖啡香氣自由來去

下山的路有多種選擇，走獅球路48巷，可以從「人的尺度」觀察高速公路。起

從獅球嶺砲台俯瞰基隆市區

初自高處俯瞰飆速的車輛，到與路面平行的缺口，可以「零時速」平望華表上的祥雲、巨大的識別LOGO與隧道拱形路口。沿著階梯而下，恍然大悟，高速公路出隧道後這一段竟是懸空的，由橋墩頂住，一列列巨大的水泥柱緩緩將寬闊路面放低，接上基隆港。

高速公路上，是時速一百多公里的快轉；高速公路下，卻是漸次降落的慢動作。

若非步行，不會知道路面的流動奔馳，是底下多少鋼筋水泥的鉅力所支撐的啊！

橋墩之間，整齊停放著垃圾車，果

菜市場的繁華落盡，仁愛區公所周近，乾淨且靜謐。華一街數到六的這些水泥房子，說老舊其實不老舊，想想看，與廟口那些百多年日治時代遺留至今的老屋相比，這裡可新得很。

但無論從山頂下至嶺腳，或一路走上了獅球嶺，Eddie's Café 都是個好地方。帶著咖啡的香氣離去，或把咖啡店的四米五挑高當終點，如同那一排透明罐子內的咖啡豆，在基隆覓食或爬山，就是有多樣的選擇，只要交給酷酷的老闆，專注為你研磨沖泡，沒有虛言不多說，這裡有最在地的脾性，最基隆的堅持。

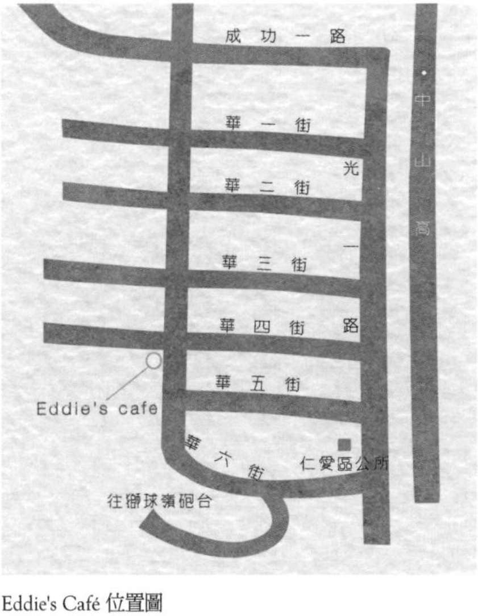

Eddie's Café 位置圖

絕非歐洲的小歇時光

夏朵義式咖啡

鄭栗兒

這是位於愛一路、孝一路近港邊，旭川河上加蓋的明德大樓商場，夾雜在整排流行服飾店之間的一間十六坪大小咖啡館，也是我在基隆市區小逛或仁愛市場（我習慣稱為大市場）買菜時的中途歇腳站——夏朵義式咖啡。

這裡，充斥著嘈雜的聲音與氣息，與極古典的歐式風格陳設形成強烈對比。昏暗曖曖的燈光，配合著兩面寬大的鏡面，牆面上掛著一大幅十九世紀的歐洲仿畫，呈現當時的貴族生活，還有長長的木頭櫃檯，有一種老故事的味道。

最喜歡它的平價，一千元十四格一張咖啡卡，就可以任選一百三十元以內的任何飲品，等於一杯焦糖瑪其朵或是拿鐵都一樣是七十多元。也因為平價，且可以攜帶外食，生意好得不得了，平常日就呈現客滿狀態。

單品咖啡是它的主力商品，我建議點藍山咖啡，溫順的口感加上純豆的香味，是夏朵最好的選擇。義式咖啡系列奶味稍嫌不足，但咖啡口感我覺得不是這家店的主力訴求，如果想以頂級咖啡豆的高標準來要求，只會顯得太矯情，因為夏朵最迷人的，是提供一個典雅的氣氛以及給普羅市民或退休族、家庭主婦和友人們盡情聊天、看報紙雜誌、打發時間的友善空間，甚至附近的上班族都可以帶著便當，趁午休時間在這休息，好好放鬆一番。

在夏朵談戀愛，說分手

我出沒於此，大多是一個小歇的過渡片刻，從這裡去到那裡，或者某個時間空檔，不知如何打發，就在這個最好的地段暫停一下。不特別去認識老闆或其他人，

1 藏身明德大樓商場中的「夏朵義式咖啡」　2 歐洲古典風格的陳設，與嘈雜市集形成強烈對比

只是讀書、閱報、上網，待個一小時便離開。

二〇一一年，政府才剛開始推動陸客自由行時，大陸作家許知遠就來過這家咖啡館，寫下一些瞥見。在他眼中，夏朵咖啡館突兀地出現在連片的衣服攤位間，他嗅聞出在某個過往時刻（也許是二十年前），全城時髦標榜個性的年輕人都在此消磨時光，躲避無聊的日常，而這些生活在「文明邊緣」的年輕人渴望生活在他方——世界文明中心，像是巴黎或是羅馬……。

許知遠不明白的是，即使是二十年前，基隆追逐時髦標榜個性的年輕人，都在台北的敦南誠品完成自我了，他們絕不會在基隆的夏朵咖啡館渴望巴黎或羅馬，他們會在張耀的《打開咖啡館的門》、《黑白巴黎》或是《彩色羅馬》，找到歐洲的養分，這些都是二十年前我在時報出版擔任文學主編時的編輯作品。

二十年前，也沒有夏朵這家咖啡館，它是公元二千年才開的店，那一年我去西藏朝聖，尋找屬於我的心靈文明，並寫下《日光城市・雪之領域》旅行書。事實上，常來這家咖啡館的並非年輕人，而是上了年紀的歐巴桑、歐吉桑，不時扯著大嗓門暢談家中生活事、人際問題，偶爾有政治評論，感覺很有街頭活力。貼在廁所的海報，有一個極有意思的標題：「在夏朵談戀愛，在夏朵說分手。」確實有一回，我在店內目睹一場極激烈的分手談判過程，非常地戲劇性。

上班族開咖啡館的先驅

在愛一路後門的落地窗玻璃上，貼著這家店的老闆詹其璐受訪的報導，說起他是典型上班族夢想開咖啡館的先驅代表，因為想擁有一家咖啡館，脫離賣車十年的業務生活，而決定在基隆港邊築夢踏實，從高房租、無人光顧的窘境，仍堅持做出自己的特色風格——以歐式懷舊復古風情，搭配爵士樂和拉丁情歌，煙薰白牆則呈現出昏黃的懷舊感。「咖啡館要好不只是一杯咖啡好喝而已，咖啡好喝是前提，但非吸客唯一重點，有時是這個氛圍……。」這是詹老闆的說法。

詹老闆也堅持親自看店，張羅一切，配合顧客的彈性需求，像是外食或因應饕客每天一杯的需求，推出折扣隨行卡。店內聘用的都是七、八年級美少女，加上當時留學西班牙返回基隆定居的畫家王傑，開始以他獨特畫筆畫下基隆的人文之美。他為夏朵咖啡也畫上一幅，並形容這裡充滿老咖啡店的味道，成為「微笑台灣：旅行台灣的25個驚喜」中基隆唯一入選的店家。

「阿姨，你好！今天你要喝什麼？」如果你進店門，被年輕妹妹這樣招呼時，請不要太難過，一來她們真的年紀很輕，二來進門大多是有一定年齡的年長熟女，即使看見歐巴桑在店內喝咖啡嗑瓜子也很正常。

享受一小時的溢出時光

在懷舊氛圍裡，融合在三教九流的喧譁人潮中喝咖啡、聊是非，享受舒適愉快的庶民味道，徹徹底底是基隆咖啡館風光，絕不亞於巴黎或羅馬。我必須說，基隆人的內在是驕傲的，因為基隆人是面向海洋、面向風雨的，內心容得下所有的繁榮與凋零，也懂得在無聊中的自得其樂。所以在夏朵，他們並非只是嚮往歐洲的巴黎

在夏朵，盡情享受一小時溢出來的時光

或羅馬，更是活出自己的基隆氣息。

屬於我的夏朵亦然，我在夏朵靜靜享受讀一本書某個章節的樂趣，或者把已經拎不動的菜籃擱在地上，喝著咖啡，吹著冷氣，看看今天的報紙和八卦週刊，又或者打開電腦或手機，打一段稿子，上上臉書，周圍人們的聲音為我隔成一道聲牆，我在裡面進入我的夢中世界，讓夢去說夢的故事。我聽著、我閱讀、我記錄，我只是一個夢的漫遊者，乘著夢的翅膀，看見異世界的風光。

這是夏朵一小時的溢出時光，然後，我提起隨身的大包小包，搭車回家或者返回靜心坊，往下一站前去。夏朵的小歇逗點，對生命而言，有點自得其樂似又無足輕重般。但是，總是要有這些留白，讓我們回到小老百姓的狀態，不是龐大文明的堆疊建構，就只是簡簡單單地生活著，品味尋凡之日的輕鬆自在，一杯咖啡的滋味不也就是這樣？

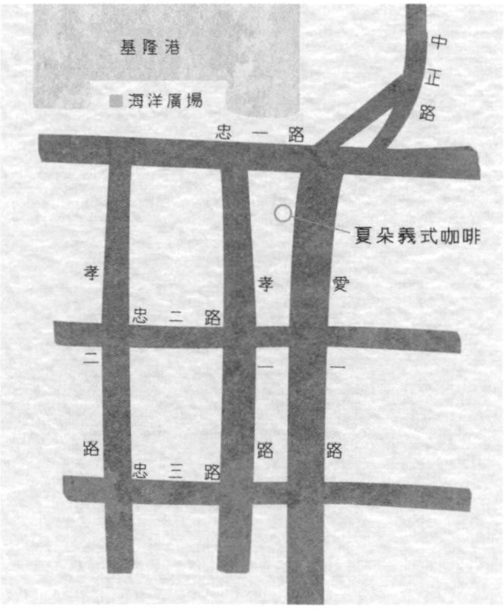

「夏朵義式咖啡」位置圖

鈴蘭燈亮了

星巴克義14迴味門市

鄭順聰

「鄭先生，你的拿鐵來了！」店員招呼我，我小心端著盤子，如日本時代靈巧的女侍，白帽白圍裙，輕巧地步上樓梯。

這裡過去叫「義重町」，是基隆的銀座，街屋蓋得氣派。星巴克咖啡老屋欣力，大紅管扶手，八角窗，鏤花水泥空心磚，高敞天花板，還是當時的樣子，哇！復古！

樓梯間有幅氣勢不凡的繪畫，是王傑的作品，哇！清新！原來，基隆的高樓是如此的高聳，港口是這麼水藍。

我知道，基隆奧祕的街道樓房深處，還有個可樂王，繽紛繁複台客風，與王傑的自在優雅，互為對比，都是基隆中生代有夠厲害的畫家啦！

基隆 style！

還沒進咖啡店，在門口張望時，看到立面的一對列柱，還有眉額的藻飾，讓我想像街屋裡頭的氣派……果然沒錯，古早的客廳真「聳勢」（sáng-sè），沙發與椅子任我挑，一落坐，我就是氣派的主人。

然後，鄭桑溪阿伯的照片就跳到我面前，他的黑白攝影，是往昔基隆的無敵經典，我愛他的構圖與視角，更愛他「卡莫脈」的爽朗。

卡莫脈？かもめ？「海鷗」？那是葉俊麟〈快樂的出帆〉啊！他是正港的基隆人，平生寫過八千首歌詞，是海派的填詞人啦！

趕緊無線 wi-fi，〈淡水暮色〉、〈舊情綿綿〉、〈思慕的人〉……葉俊麟這麼多好聽的台語歌，〈港都漫遊〉如此描述他的故鄉：「出名多雨基隆港，無雨引咱心輕鬆，漫遊中正公園頂，觀望船隻入港出帆，白玉觀音大佛像……。」

這就是基隆 style！

源自京都的高雅氣質

先喝一口咖啡，思古幽情隨著咖啡香繚繞起來了，走到窗戶看一看，車水馬龍沒什麼特別的，日本時代義重町，就這樣爾爾？

谷歌輸入看一看，跳出老明信片來，什麼！原來義重町過去這麼漂亮！而且而且，轉角的「岸田吳服店」還在，就是侯孝賢《悲情城市》中那個酒醉金迷的「小上海」啦！

再把明信片看仔細，街道兩旁立著的，叫「鈴蘭燈」，如植物鈴蘭那般錯落優雅的路燈，源自京都的寺町通。跨海來到基隆，讓藍空之夏，紅磚疊砌白橫線拉出街道，綻放無上的高雅啊！

渴望過去，我喝了口咖啡，如幻似真，鈴蘭燈亮了第一盞。

海洋廣場與文化中心，摺紙般被收了回去，還原為鹹鹹海水。郵局的磁磚翻轉，一塊一塊砌回日本時代的樣子，轉角是個大圓頂，延伸古典的側翼，一旁的盡頭是拔尖的高塔，圓塔的入口，樓梯如紅地毯延展而出。

這是外地人到港的第一印象，要向日本殖民母國展現台灣的治理成績，做為帝國的玄關的第一家郵局，當然要華麗超級有氣勢啦！

盡飲歷史的餘味

拜託時間讓我回到過去拜託拜託，讓我拿著義重町的明信片，踮腳尖上樓梯，到郵局裡頭寄信到日本……不，我要寄給美國職棒的全壘打王貝比．魯斯（Babe Ruth），一九三四年他到日本進行表演賽，引起轟動……在此三年前，台灣的嘉農棒球隊KANO，可是轟轟烈烈打進甲子園啊！

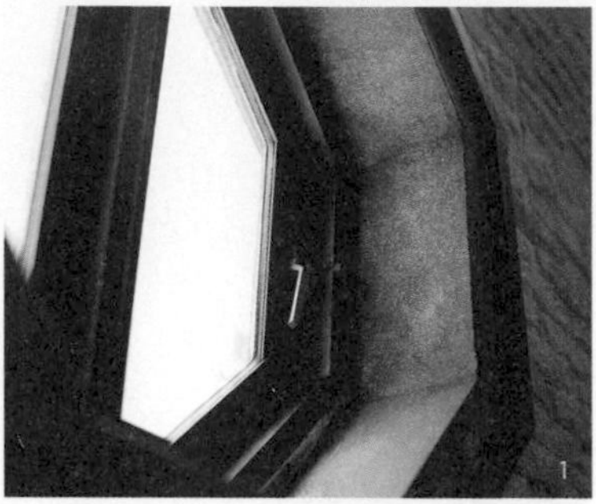

1 門市內的八角窗，古意盎然　2 星巴克義 14 迴味門市建築立面
3 紅絨布沙發氣質高貴典雅　4 古典與現代的完美結合

1 日治時期義重町街景（右側為岸田吳服店），畫面中可見白色鈴蘭燈。圖片翻攝網路

2 幾經更迭，岸田吳服店主體仍在，現已改裝成麵包店與餐廳

在郵局大廳等待時，我會聽到船螺聲，啊！那可能是「蓬萊丸」，壯闊進港了啊！港畔必定有許多人歡呼迎接啊！

蓬萊丸是大阪商船株式會社經營的，基隆支店乃紅磚建造，洋溢濃厚的異國風情，隔壁是聳立尖塔的近海郵船株式會社。日治時期，基隆與日本對渡，基隆火車站的時刻表，要配合輪船靠岸與離港的時間，乘客來到基隆，直接走天橋到火車站，遮風擋雨利於行李搬運，多麼貼心的設計啊！

這三棟經典建築，命運都不太順遂，基隆火車站一九六七年改建；近海郵船大樓尖塔崩落，現為陽明海洋文化藝術館；二次大戰期間，大阪商船的紅磚大樓被美軍轟炸夷平……。

歷史令人惆悵，我吞了一大口咖啡，拿鐵的泡沫沾滿我唇。

此時，岸田吳服店那側的鈴蘭燈，齊時閃亮，比泡沫還白熾。

就在我背後的山巒，中正公園西側，百年前是石坂莊作的莊園。實業家出身、熱心教育的石坂莊作，創立「基隆夜學會」（現光隆家商），為失學者照亮學習的明燈，他苦心擘畫「石坂文庫」，是台灣最早的私人圖書館。日治時代，主普壇與觀音像還沒出現，過去是石坂的私人公園，在昭和八年（一九三三），他全數捐給基隆市。

歷史的船螺聲響起，雄赳赳的日本少將躍上駿馬，從氣派的官邸出發，自廟口往安瀾橋的要塞司令部而去，馬蹄聲在街道迴響，威嚴的形象烙印在基隆人的心中。於是乎，官邸所在稱「少將頂」，底下的愛四路，舊名「少將腳」（siáu-tsiòng-kha）。

駿馬行走的同時，基隆也有公車喔！是日人流水伊助開設的自動車會社，基隆人暱稱「流水巴士」，多漂亮的名字！

杯底的咖啡不多了，歷史的餘味即將消逝，我一口飲盡。

瑩瑩發亮的神奇時刻

此時，鈴蘭燈全都亮了，這個日本殖民者建設的都市，通上了電光，港區瑩瑩

古典與傳統的相遇

發亮，瞬時摩登魔幻了起來。

於是，我彷彿看到基隆火車站前那三棟經典建築，重新復原矗立了。

我又看到，畫家倪蔣懷，從林開群洋樓走出來，這棟高架橋旁被稱做鬼屋的洋樓，當時仍是簇新充滿生氣的。只見倪蔣懷搭小船到基隆港中，優雅地拿出畫筆，對著基隆火車站，一筆一筆寫生。

那個時候，軍方嚴格控制基隆港，任何的攝影與繪畫，都要經過批准。

海上定是搖搖晃晃的，倪蔣懷

精確且優美地，為基隆火車站留下最美的形象。

在這個魔幻的時刻，在咖啡廳中，任何復古的裝潢，都比不上歷史的回想。

義二路這條鈴蘭街道，此時仍有許多老屋倖存。

還有可能！還有可能的！還有無盡的可能！

只要有心，只要重新接上電光，優雅的鈴蘭燈，就會再度亮起，一盞一盞一盞……。

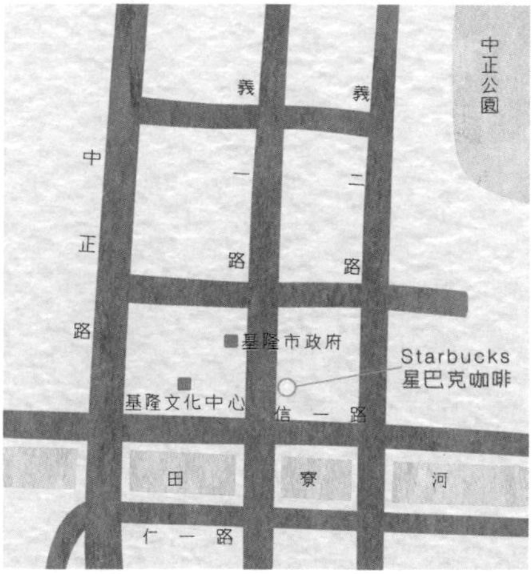

「星巴克義 14 迴味門市」位置圖

公園頂的日本風

丸角自轉生活咖啡

鄭栗兒

二〇一二年十二月三十日，很冷的天氣，攝氏九・一度。夜雨已停，冷氣團來襲。沿著舊日興盛一時，如今落寞不少的公園頂委託行街，來到一家很日式創意的咖啡館：丸角自轉生活咖啡。這裡原本也是一家委託行歇業後改造成的日本風咖啡館，連玻璃櫥窗都還保留下來，設了兩人座位，感覺很奇妙，櫥窗的模特兒換成了喝咖啡的真人版，算是另類的櫥窗陳列藝術吧！

聽戴毛帽的柳老闆說已經開了一年了！是麼？已經這麼久了！有時開車經過時，看見不知什麼時候多出這家充滿各種日式擺設的咖啡館，感覺有溫暖的故事，就想說，嗯！下次一定要來一趟。

委託行商圈的咖啡館

二〇一二年的最後時刻，我安靜走在雨港街上，決定推開丸角店門，門上掛的風鈴叮鈴作響，耳際傳來一陣陣日本廣播女聲，款款說著聽不懂的日語。找一個座位坐下來，發現是縫紉機改裝的咖啡桌，冷冬冷日子裡的小咖啡館風情，飲著帶有濃郁香氣的多芭藍眼曼咖啡，真是二〇一二年最美的終曲。

柳老闆其實是一個很安靜而內斂的人，咖啡館內所有陳列的飾品全數從日本原裝帶回，而縫紉機改裝的咖啡桌則是海邊「關於咖啡」的寬哥大方贈予，原來柳老闆也是因為寬哥的鼓舞，而在基隆沒落許久的委託行商圈開起這家咖啡館。

我問老闆說：「生意還可以嗎？」

他略帶苦笑回答：「還可以！假日人多，平常就有點少。」

1 委託行商圈，是基隆的往昔榮光　2 公園頂的「丸角自轉生活咖啡」

公園頂的委託行商圈一間間關門，是基隆人都知道的事，願意為了喝一杯咖啡，而從港邊孝二路尾，忽略沿途其他多家咖啡館，來到位於孝二路頭的丸角，真是考驗著它獨特的魅力！

跑單幫的往昔榮光

基隆的委託行，是基隆人流行的代名詞。老一代基隆女性，像我媽媽都是在委託行打理全身的行頭，從身上的衣服到皮包、圍巾……，甚至是日本的玩偶及小零嘴一應俱全。這些充斥異國風味的委託行櫥窗，也是早期基隆獨具的特色。當時台灣少有舶來品，一些遠洋船員或是跑單幫的人，就收購日本及其他稀有的外國貨，委託寄賣，賺取差價，逐漸形成委託行商圈，聚集在孝一、孝二路及愛一、愛二路和忠四路一帶。其中孝一路23巷最具代表性，一間間櫛比鱗次的老委託，琳瑯滿目的各式日用商品與食品，就像日本的狸小路化身。

委託行盛行於一九五〇至一九八〇年代，其中一九六五到一九七五打了十年越戰，美國大兵與船員充斥在基隆街頭，因為補給之故，也助長風氣。越戰結束後，委託行慢慢褪下光環，但還是中上層社會「舶來品」流行首選，直到一九七九年台灣開放觀光，出國的人潮一波接一波到國外採購商品，受到衝擊的委託行從原本的三百多家剩下數十家。我的父親關掉理貨行後，有幾年時光也跑單幫到日本、香港、韓國掃貨，後來身體無法負荷扛重行李，就徹底退休了。

緣分妙不可言

委託行充滿了基隆的懷舊氣息，也代表著基隆繁華的過去，和我同齡的朋友L對我說，當年她結婚時，還特地來基隆的委託行添購禮服和嫁妝。L結婚較早，趕上委託行最後一班時髦列車，後來委託行就剩下我媽媽和阿姨們老一輩忠誠客戶的支持了！

多年來，我還滿期待委託行商圈可以改頭換面重新出發，丸角在此的駐足令我眼睛為之一亮，好像有為的青年被上帝派來拯救這條委託行街。

在長條吧檯上，用日語寫著一段有意思的文字，翻譯成中文是這樣：

與這間店的緣分，
與這個座位的緣分，
與這杯咖啡的緣分，
與這篇文章的緣分，
人生就是這些小小緣分的聯結。
所有的一切都是有意義的，
為了讓明天比起今日更加亮眼，
緣分真是妙不可言！

所有的一切都是有意義的，沒錯，生命冥冥中自有安排，這些安排也是為了讓

1 丸角店內擺設，日本味十足　2 與委託行相望的櫥窗
3 簡單字句、插畫，道盡一杯咖啡的精髓

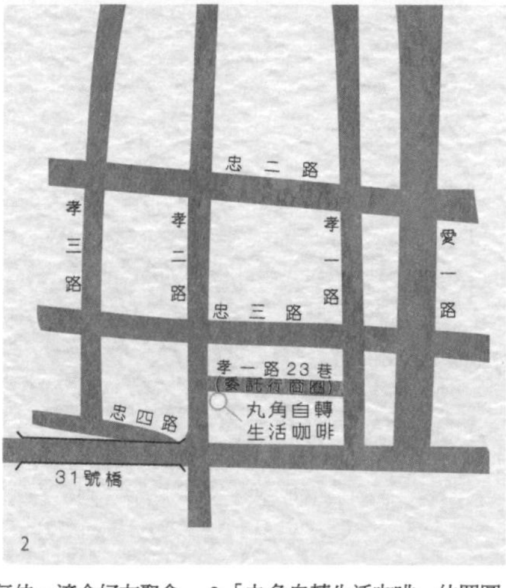

1「擇食居酒屋」氣氛佳，適合好友聚會　2「丸角自轉生活咖啡」位置圖

我們活得更加開心自在。從某個角度來看，失去的委託行街必然有其新的生命力誕生。就像丸角這樣有味道又確實咖啡好喝、餐點結合基隆甜不辣小吃特色的店面，真的愈來愈受歡迎，週六日常常座無虛席。

緣分真是妙不可言，在我第二次去丸角的中午時分，意外遇上基隆地方電視台的記者正在採訪這家店，我莫名地成為路人甲接受女記者的訪問，推薦喜歡丸角的理由。「彷彿置身在日本」，如果要我為丸角下標題的話，我會這樣說。這一帶曾經是日本時尚的主流，而丸角更進一步滿足身在東京或京都某個小咖啡館的感覺。

一段美好的開場白

大概因為幫該店推薦的緣故吧，老闆後來很大方地讓我借走牆上書架的《深夜食堂》漫畫。從我的靜心坊過個31號橋就到丸角，所以有時也會和學生們下課後一起來這繼續喝下午茶，不過因為生意變得實在太好了，有時候要到二樓才有位子坐，但我喜歡一樓有明亮櫥窗及大片落地窗的感覺，且可以看室外的委託行區。老闆很貼心地在騎樓下擺了一輛舊式腳踏車和幾張學校不要的課桌椅，一方面當做裝飾，一方面也是戶外咖啡座。

丸角的好生意，也讓人們開始注意起這個舊時的委託行商圈，除了丸角對面新開起一家以甜點為主的咖啡館，在丸角的另側巷口，與崁仔頂魚市相連的孝一路，去年也開了一家典型日本口味的「擇食居酒屋」，略嫌狹小的店面，二樓包廂，戶外也有座位，傍晚開店到半夜，食材十分新鮮，很適合三、五好友在此小聚，飲點小酒，放鬆開心地閒話家常。雖然才開了一年，就已經每天座無虛席，連隔壁都租下來準備擴張分店，看來委託行商圈的恢復生機有望了，而這也應該感謝丸角起了一段美好的開場白。當然，我的代言還是有點小功勞。

有信仰的所在

夏隆咖啡

鄭順聰

午後來了一陣大雨。

駁崁的石塊不知砌好多久了，留筆直的縫隙給雨水行走，但雨勢太大，水整面整面漫過附生青苔、蕨類、小樹的濕滑石面，匯聚於山路，流淌於這處舊稱「小北投」的山坡社區。

信義市場喧闐繁盛，其旁的義六路通往中正公園，此處在日治時代，是基隆顏家的陋園，號稱北台灣最氣派的園林。建築公司以此為號召，在此起造基隆第一豪宅，以黑白線條拉出摩雲的高樓。

但往深處探，路一分叉幅面就縮小，氛圍卻開闊了起來，一棟棟的洋房沿山坡而建，鏤空的水泥花磚在欄杆與樓梯間鑲嵌，順應地勢分解建築塊體、巧妙組構，然後，就是一色極簡的牆面：石綠、粉灰、翠青——俐落高雅，而那棟類柯比意概念、貼上暖黃磁磚的謙斂二層樓房，夏隆咖啡，正烘焙著醇厚的信仰。

發揮水果的本質

在基隆踏查，我一直在找咖啡店，找一間理想的咖啡店，不要有太多的附贅，就是要好咖啡。

基隆傳承古典詩人的深厚傳統，港口那面向世界的胸襟，形塑出海洋的紳派氣息。雖是往昔的華麗，雅氣的傳統延續下來，給霧雨與山巒包孕著，它缺乏的，是與新時代接軌，需要一個場所讓它轉化、再現。

在夏隆咖啡，我發現駁崁石隙間抽長的一株新綠，不隨俗俯仰，在山坡錯落的紳派洋樓間，在深巷內蘊藏著紳派的氣質，而且，這裡有信仰。

主人 Eric 說，他信仰咖啡的本質。

我追問，咖啡的本質是什麼？

Eric 說，咖啡本身是一種水果，沖泡咖啡，就是要讓它發揮水果該有的本質。他認為，好的咖啡，首先要沒有瑕疵。咖啡在生長與處理過程，有很多形態的瑕疵，雖有跡象可循，卻無科學的標準，要分辨判斷，完全得靠口腔與專業。好的咖啡，必需表現出水果該有的香氣與風味。

是以在夏隆咖啡，Eric 將豆子磨成粉後，會讓客人先聞粉，去掉刺激的烘烤味，讓客人聞到咖啡最深沉的香氣。待熱騰騰的咖啡端上，會附上聞香杯，體會香氣的變化。他衷心建議，咖啡要慢慢喝，最好可以花一個小時以上的時間來品嚐，如此可以感受到咖啡變化的層次，冷掉的咖啡會比熱的時候還香醇呢！

一種潔淨的力量

一九六九年生的 Eric，早早就結婚生子，本從事行銷業務工作，一九九〇年代自台北內湖遷居基隆。年輕時，他就懷抱著夢想，如果有一天離開職場，就一定要開咖啡店。二〇一三年毅然辭職，跟台北的 Goerge 老師學習咖啡知識，一年後就在基隆開店。

由於前一份工作負責的是德國的品牌，讓他見識到德國人的務實精神，對產品的本質抱持著崇高的敬畏，並且不斷追求完美，以達更高的境界。Eric 說咖啡也一樣，離開本質，剩下的就是花拳繡腿了，是以有人建議搭餐以增加來客，但 Eric 怕食物的氣味會影響品咖啡的環境，所以除了簡單的甜點，他就專注於咖啡，專注於氣味的本質。

Eric 是基督徒，他認為，咖啡是很好的媒介，是跟人建立關係的橋梁。有別於上教堂或直接到人的家裡，他希望透過那細細品嚐的內蘊，來跟朋友們分享上帝的創造以及真理。上帝對每一個人生命，都有目的，差別是如何去回應。而咖啡館本

1 小北投社區的紳派公寓　2 好的咖啡，需要時間慢慢品嚐

3 藏身在基隆小北投的「夏隆咖啡」

身的空間，可以開小小的布道會，唱詩歌、講故事，悠悠緩緩，傳遞上帝的真理。

回到咖啡館本身，回到基隆這個地方，Eric還有信仰。

過去，台灣人對咖啡的認識，大多視為流行，當作洽商與聚會點綴的飲料，咖啡往往是附屬的，基隆人對咖啡的認識，大概是如此。因為離台北太近，客人會用相同的標準來評判他的咖啡。在基隆開咖啡館，有許多現實的限制，他堅持做最好的給客人，他相信，只要品質穩定，客人就會憑他們的味覺做出他們的選擇。他

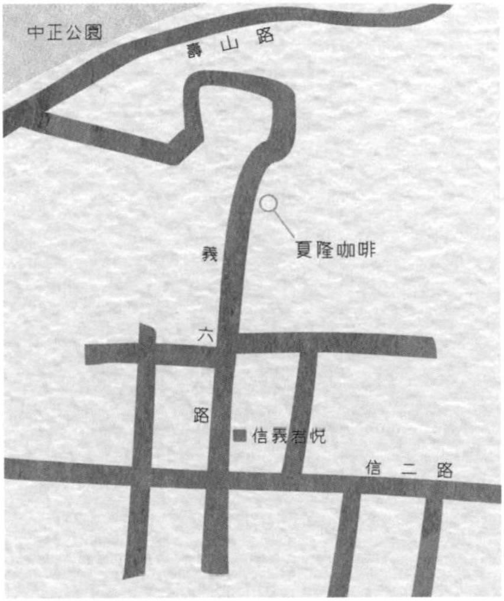

「夏隆咖啡」位置圖

引進來自世界各地產區的咖啡，就是希望能夠說服基隆人的味蕾。

也曾有基隆人質疑，這是一個落後的城市，怎麼會有好咖啡，但喝了他的咖啡，觀感就改變了。

Eric 認為，既然住在這裡，就一定要認同她，一定要愛她。

他如此信仰著。

十多年前剛搬到基隆，他對雨也是相當不習慣，但後來轉變心境與態度，覺得雨是一種潔淨的力量。有人說，基隆這名稱源自於附近的雞籠山，其外形好像罩雞的籠子，住這裡的人，像是被關在雞籠般窄隘的空間裡，宿命般被綁住手腳。但 Eric 覺得，基隆的多雨是上帝的提醒，雨後的朝陽將會格外的清新，給人重獲新生的盼望和喜悅，人生不就是這樣嗎？

跟著咖啡走就對了

在夏隆，咖啡採用虹吸式塞風壺來萃取，以22克的咖啡豆，在攝氏九十度水溫中煮上三秒鐘，只萃取咖啡豆的風味香氣，幾乎萃取不到咖啡因。Eric說，每一杯咖啡過程略有不同，因為每一天的氣候、溫度、都會影響這間五十歲洋房的壓力，要如何煮出一杯完美的咖啡？

Eric說，跟著咖啡走就對了，它會引導你！

夏隆的原文Shalom，是希伯來語「平安」的意思，在猶太地區猶如台灣話「食飽沒？」一般的問候語。人生總是有很多的壓力，很多愁苦，進來夏隆咖啡，Eric希望，可以讓人放鬆，平安喜樂。

咖啡店對面的駁崁，上頭是一排紳派洋房，大雨過後，水順著山坡流下，學生從山坡走下，走向喧囂忙碌的基隆港。入夜的小北投，空氣是如此地清新，因為有雨，滌清了許多許多。

輯三

潮聲

我的私密海岸線

外木山湖海大道

鄭栗兒

我曾經以「夏之光」的筆名，出版了一本《很熱的旅行》，算是一種私人日誌的結集。

在這本集子裡，用了很多的情緒記錄當時的生活感覺，其中關於基隆的海洋與海岸線，我也說了許多。

有一段長長的期間，我總是每天開車經過這一道海岸線，冬天裡的灰色海洋，夏天裡的湛藍海洋，雨天裡迷濛的煙霧海洋，晴天裡閃亮的發光海洋……。

每一天不同光景的海洋，都深入我的腦海底層，成為一種讓我在任何情況下都能夠活下去的力量，短短十分鐘的馳騁，卻是我一天裡的幸福出發點。

後來，每當我十分無力，有時是激動的拚搏精神，經過一週的工作之後，不管結尾的星期五發生了什麼，到了星期六和星期天，不想去哪裡的時候，我就習慣到這一條私密海岸線跑一跑。累了時，慢慢走，看一看遼闊的海洋以及移動的船隻，看一看飛行的鳥和沿途的植物，呼吸著帶碘質的海洋空氣，這樣子我就感到很幸福，不一定要吃好吃的食物或者去遠方遊走。

風輕輕地吹著，陽光很迷人，我沿著海岸線跑著，身體的細胞一點點地被震動起來。海天邊際蜿蜒三公里的峭崖山芒，秋冬開著白色芒花，春夏長長綠芒葉隨風垂拂擺盪，步道另側春天的鮮嫩欖仁新葉綻放，預告新氣象的發端。

我在海岸線跑著，想著這一週所有的快樂與悲傷，誰要離去所帶給我的失落感，想著生命中可以做到和不能做到的事，以及我的任性，該如何向愛人低頭，想著一些處理不好的關係，討厭情感的被牽制，一些言語帶來的傷害，還有個人化的困頓情緒……。

1 在湖海大道，可見奇石岩岸的潮間帶　2 基隆人的全民海濱健行、慢跑步道

大海總是不說什麼，只有浪濤嘩嘩的聲音，鼓動一整個天與地。就這樣一年兩年無數年流走，在這條海岸線記錄我成長的眼淚，得愛的雀躍，爭執的憤怒，衰老的見證，種種。

翻閱過去的這一段文字，讓我恍然明白我真的成長成熟了，同時也感謝這一條一直陪伴著我的海岸線，讓我和永恆真實地聯結，它是一條發光的絲帶，拉著我和宇宙之間沒有距離。說起來，我一直沒有搬離開基隆的理由，絕大部分是因為這條海岸線。

青春的海岸線

幸福的出發點。對我來說，到現在依然是這樣的，差別的是當時這一條少有人跡、算是我個人獨一無二私密的海岸線，如今已是所有基隆人的全民海濱步道——

外木山的湖海大道。如果從文化路德和國小開始起算到接連武聖街，乃至到基隆與萬里交界處，全長七公里以上，是目前基隆最長的海岸線步道，沿途涵蓋了外木山漁港、情人湖、大武崙砲台（有登山步道可爬至情人湖和大武崙砲台）、澳底沙灘、漁港等等。

這條渾然天成的海岸線，其實是從高聳險峻的峭壁懸崖和各式奇石岩岸的潮間帶之間開闢而出，形成一種極為壯闊的景觀，且每一刻的天空與海洋風景都是不同的，都無法重複。

很多年前，從外木山漁村過來到目前湖海大道地標一帶的安中產業道路，才剛剛開通了路，一片煙塵飛舞的泥濘黃土，我記得當時我還是大學生吧，小學同學C駕著一台老舊的車子，載我和另外兩位女同學上陽明山、大屯山氣象站兜風，我們莫名買了兩瓶自釀的藥酒，在陽明山吹著風後，慢慢開車從金山晃回基隆。C靈機一動，決定冒險從大武崙武聖街轉進這條當時還未修建任何步道，甚至連休閒概念都沒有的坑坑疤疤的爛泥路，只是為了圖方便抄捷徑而已。

從武聖街切入幾個彎道急轉而下，展在我們面前這片風光明媚的海天一色讓我們驚呼連連。我們的車子在顛簸的海岸線黃泥路上上下下跳著舞，幾個年輕人在車內哈哈大笑，但老爺車卻不賞臉地拋錨了，我們三個女生只好下車，在車尾推車，腳踩在泥路上，心裡祈禱著：「拜託，一定要發動喔！」推了一段路後，終於老爺車醒過來，引擎叫了一聲，我們趕緊跳上車，揮手告別青春的海岸線。這是我第一次和私密海岸線邂逅的經驗，回想起來真是青春無敵的狀態，一路都是歡笑的過程，青春的歡笑也不需要太多的原因，做起蠢事也特別開心。

喜歡海泳的人，對於這一帶海域也格外情有獨鍾，海岸線的起點、外木山漁港附近的海興早泳會，是熱愛游泳和浮潛者的天堂，在礁岩岬角的環繞下，圈出一泓天然的海水泳池，不管夏天或冬天，每日清晨，晨泳者已在水間和熱帶魚一起迎接日出，這也是我的朋友L的日常生活。他每天先來這裡游個泳，再開車到金山泡個溫泉，然後去上班，說起來算是實踐了慢活、健康的逍遙人生，當然他沒結婚、沒孩子，所以如許悠閒。

不用羨慕L，你也可以做到，這片蔚藍的海一直為你開放著，泳技不佳也沒關係，就來海岸線跑步或者走走路，跟我一樣。從海興早泳會的步道啟程，右側的偌大海洋與懸浮海面的基隆嶼一路陪伴，你不會寂寞；還有左側的綠色山崖，突出峻石和飛行的老鷹、月桃花、蟛蜞菊、咸豐草，以及各種林樹交織成豐富的山色，在白天的太陽、夜晚的月亮間輪番交替。

歸零後的幸福出發點

海岸線步道（湖海路一段）的中間開闊地帶，闢出目前最大的停車場，這裡有觀海咖啡車露天座，假日夜晚街頭藝人在此演奏樂器或唱歌，從這前去轉個彎，又是一處岬角海景，左側有一片田野風光，旁邊有一座祖墳，這裡綿延的山系屬情人湖一帶大武崙山。以前，還有水牛在這吃草、休息，開車載著孩子經過時，孩子們都會要求停在路邊，看水牛吃草、打盹的可愛模樣。水牛還會在山坡上走來走去，很自由的樣子。

牛隻和祖墳其實都是旁邊山裡人家的，有一次我和先生無意間走到他們家的三合院，才明白原來這附近都是他們家的土地，包括海濱步道都是。牛隻原本很多，不再耕田後，就讓牛兒自己開心過活，每天牽去祖墳旁吃草，夜晚前再牽回家。後來，牛兒陸續消失了，只剩下祖墳，沒有任何的牛，我的兩個孩子也都長大了，但每次散步來到這裡時，我都會想起有牛兒時的那一段快樂時光，孩子和牛兒都好可愛，令人懷念。

牛兒每天所見的岬角海景，也是夏天游泳玩水、看熱帶魚的好所在，我們在這消磨許多夏日時光，特別黃昏時的魔術時間，簡直迷人到極點，天空的雲霞返照到海平面，金黃、橙紅的顏彩潑灑在藍黑色的海面上，彷彿穿透它直抵另一個神祕世界。我們通常都要待到整個太陽都落山了，才願意離開，這時月亮出來了，星星也亮了。遺憾的是，幾次強颱過境，將大片的漂流木沖刷上岸，加上海洋垃圾和釣客、遊客們遺留的寶特瓶等等，使這裡的海蝕平台變成一處垃圾廢棄場。

岬角之後，地形又是一弧海灣，密布著千古以來的各種紋路的岩層和巨石，書寫地球的變遷故事，道路在一刀切開似的峭崖之後，呈四十五度彎曲而去，眼前是土地公廟，廟後面有一條森林古道可以通往情人湖，再往前就是澳底漁村，那也有

1 天然的海水泳池，是泳者和浮潛者的天堂　2 在湖海大道的休憩空間，飽覽山海之景
3 地球變遷的故事在這裡上演　4 湖海大道的日出時光

一條森林古道，一樣可以爬到情人湖，山徑樸質，森林幽靜，未經過度的雕琢開發，是很怡人的登山步道。

澳底漁村擁有全基隆唯一的沙灘，像小小的月牙一般，金黃的沙子是填補出來的，人們可以在沙灘上赤足而行，踩踏著浪花，對基隆人來說並不容易，因為所有的海岸線都是岩岸地形，對於這一小片月牙灣，可要細心照料，以免颱風過後又缺了一角。

濱海步道來到澳底漁村並非盡頭，但如果累了，可以先在漁村小歇喝個飲料或來根烤香腸。這座小漁村住著我的國中同學，但現在我已經找不到她了，可能早已搬遷或嫁到他方。她是一個運動型的女孩，長得瘦瘦高高的，每天清晨五點鐘就得起床，翻越一座山再搭公車去上學，那是交通很不便利的純樸年代，可是每個人好像都很容易滿足、快樂。如今這個小漁村已經是海灘觀光區，夏天時還有音樂祭，滿足電影《海角七號》那種動感的氣氛。

過了澳底漁村，是另一段木棧道接連的濱海步道，以之字型彎來繞去，通達基隆市與新北市的交界，再接到萬里的另一段步道。這一帶的海蝕平台錯落幾塊巨型豆腐岩，十分壯麗，綠色海藻潮間帶每天吸引人們前來採摘，但海洋垃圾仍是同樣令人困擾的問題，拍照時必須避開一些難看的畫面。

無論如何，這都是屬於我的海，我的海岸線，我的生命場景。不管我在不在這座城市，它永遠與我合而為一，滴水化為海洋，海洋消融為滴水，亦是我每一次歸零後的幸福出發點。

水氣一樂園

和平島與正濱漁港

鄭順聰

太陽毒辣，我們一家四口跑到和平島戲水，躺在淺淺的兒童遊戲區，女兒們拿起水罐猛往我身上噴，倏忽跳上恁爸的大肥肚，這個廣如操場的水池，盈溢著天真的笑聲。

水也是天真的，臨岸處開一排孔洞，讓清涼的海水流通，洗去冬天的寒凍與春天的神經質，這是我和家人的約定，來到這北端的小島，讓身心靈完成季節的更換。

跌宕的海岸線

特地選暑假前、上班日，和平島的海角樂園，遊客稀少，整座泳池彷若我家的浴室。這地方真好啊！雖無拖曳傘香蕉船比基尼辣妹，但台灣這擁擠的海島，最缺的是「低密度」，反正空間是開放的，只要細心探尋，覓得空隙，就可以偷得餘裕，享受那清閒的時光。

高溫陽光焚煮大地，熱氣讓我的想像也蒸騰而起。

我知道，從北海岸的三芝、石門開始，海岸凹凸高低變化，這條跌宕的海岸線，順著至金山、萬里，過基隆，走東北角一直丟丟銅到宜蘭去。

和平島約位於中間點，海浪萬年侵蝕，跟多變的地質磨合，形成各種奇特的海岸地形。不輸野柳的奇崛，和平島也有千疊敷、繡染紋、海蝕溝、豆腐岩，番字洞刻留荷蘭人的塗鴉，婦人在礁石間艱辛地拔海菜……。

基隆位於大台北地區的外圍，和平島乃基隆的邊邊，海角樂園又處於人群的背面。我，遠離台灣島嘈雜擾攘，在海口邊緣之空曠處，同太太女兒們，與大海藍天相對，浸泡在時而溫熱、時而冰冷的海水中。

夏天的開始，真是清涼過癮！

討海人的況味

然而，女兒們最熟悉的和平島，是跨海大橋旁的海鮮街，她們的阿姨、媽媽的二姊嫁到這兒來，協助先生的海鮮事業。那一排的「現流仔」，有魚蝦貝蟹各式奇珍海中生類，顧客購買帶回家烹煮，或逕直拿到熟食店代客料理，怎不生猛新鮮！

我喜歡在這條海鮮街晃遊，跟魚販請教魚的名稱與特性，學習海洋的知識。例如：「戰車」是比螃蟹價昂的「擗仔」；台灣的河豚大多無毒；秋冬時海底陸棚爬滿三點仔、花蠘仔、紅蟳，還有軟翅花枝透抽之不一樣⋯⋯。

這裡學「海」無涯。

和一路二巷，靠山側是活水流動的海鮮攤，靠海邊是停泊漁船的內港。我最愛跟海口人聊天了，尤其是連襟的父親、親家松仔伯，一大早去外海釣魚，下午返航到理髮廳 sedo 過，人坐在四四方方的冰桶之上，慈眉善目，就像土地公。

他嘴角捻著菸，用海墘的氣口，談多變的潮汐與今天的漁獲。時不時談起過去，說祖先才是正港的漁民，住在基隆港的漁船上，直到日治時期才上陸定居。十多歲年少正氣壯時，即划船出海捉魚，或是氣一憋潛入海水，往岩岸縫隙尋找龍蝦，也曾站在船頭，拿長長的刺槍標旗魚……看似威風，實是艱苦人的討賺，更不要說鰹魚、鯖魚、軟翅、小卷等等。他的捉魚工具真是琳琅滿目，技巧靈活多變。

松仔伯談天說地，我腦中的海洋因捕魚的工具與動作立體成魚兒的活跳。我這個凡人的世界，是被海洋包圍的陸地；而松仔伯的人生，要從和平島往那一片無涯的藍色水域而去。雖搖晃波盪瞬息萬變，討海人如履平地，海洋，是賺錢討生活的辦公室。

觀察潮汐與海相，時機對了，松仔伯凌晨四點即出港，駕著他那台CT1七噸漁船，三個半小時到花瓶嶼附近，放長線，一整個白日，就為那「紅魽」。豐收時十多尾，空手而回常有，若是「大咬」，拉起五十幾台斤的大魚，有夠爽的啦。

1 海口人一談及捕魚，立即活力滿點　2 社頭土地公廟，看顧土地，也看顧這片海
3 正濱漁港一景

1 正濱漁港臨海樓房，有法國馬賽風情　2 來到這裡，別錯過各樣生猛海鮮
3 現烤的「吉古拉」，是基隆經典之味

我總想像著松仔伯在茫茫大海中等待揚竿的英姿。相對於松仔伯的勇毅，我的文人感懷，無病呻吟。海上的孤獨無與倫比，向松仔伯致敬！

漫步正濱漁港

和平島實由中山嶼、桶盤嶼、社寮島三島組成，西側是外人不得進的造船廠，北濱的海角樂園得收門票。過去，島民可環島一圈，沒有阻礙。島上人文景觀相當豐富，社寮砲台雖隱蔽，可是視野遼闊。大基隆地區第一間媽祖廟與街中心的社靈廟，香火都很鼎盛。島中央高地的天顯宮，每到選舉季節，政治人物常大陣仗前來祈求凍蒜。

我有我自己的走法。

某個朋友住軍營旁的小巷，長年於國外從事導遊工作的她，在這海島中的海島，營造西班牙風情小屋，牆壁漆上鮮豔的橘紅，吊燈洋溢拉丁風，各地搜羅來的擺飾充滿異國風情。和平島冬天濕冷，她還特地安裝壁爐，真是一處溫馨的角落。

漫步和平島，時見曝曬路旁的石花菜，傳來一股濃厚的腥味，但最後製作出來的石花凍，比市面上任何罐裝飲料消暑。鑽出細小的單行道，我會沿著港邊，從社尾的土地公廟，經過生鏽且破陋的製冰廠，來到社頭土地公廟。私心以為，這是和平島最宜人的所在，倚靠欄杆，海水就在身旁，跨海大橋與屋簷擋去陽光，這閒逸的角落，是一塊不融的冰，小巧清涼，又如閒置的漁網，今天不出海，什麼也不做，單單透過網目，就與海的深沉對望。

站在跨海大橋上，八尺門那頭的阿根納造船廠遺跡，常有電影與ＭＶ前來取景。跨橋來到正濱漁港，日治時期是基隆漁業的核心，一排臨海的樓房，讓我聯想到法國馬賽的海洋風情。若在中午前漫步，可到吉古拉工廠看看，老闆清早將鯊魚條解凍，磨成魚漿，然後平抹小鐵桿表面，置於燒紅炭火上烘烤，乳白色的魚漿便熟黃成吉古拉。市面上販售的，不是冰冷的就是熱水汆燙過，這裡的吉古拉剛出爐熱呼呼，咬一口，嚼感柔軟，滿嘴的魚肉香。

1 俯瞰拔死猴巨岩　2 旭丘砲台舊址　3 舊漁會大樓一角　4 正濱漁港殘留的石槽地形

就沿著正濱漁港走了下去，派出所對面的米苔目小攤，見證漁港的興衰。而這一段中正路，外人很少走，我卻把它走成一條古蹟大街，欣賞沿路街屋的紅磚斜屋頂與洗石子立面。定要跨入舊漁會大樓玄關，從正廳的高敞樓梯步上二樓，欣賞上下抽拉的木造窗，讓腳步聲迴盪在天花板的線腳間。拔死猴巨岩上有間日式老房，得特別從高處眺望。再過去是舊基隆市長官邸，新整修好的日式木造房舍，是了解基隆歷史的好地方。循金蓬萊社區的山徑，到頂便是旭丘，南北端各有一砲台，沿著山的稜線而行，自然青翠宛如在鄉間，一邊遠眺八斗子漁港，一邊是仙洞與白米甕砲台，且回望所從來的和平島……。

最老的小島

和平島雖小，對台灣文史痴迷的我，當然知道，這裡是台灣歷史起源之一。

基隆古稱雞籠，明末漢人航海經過這一片海域，將此處稱為「雞籠山」，和平島一度被稱做「大雞籠嶼」。十七世紀初，俗稱紅毛的西班牙人登陸，興築「聖薩爾瓦多城」，在北台灣，和平島的地位，等同台南的安平。

後來紅毛走了，原住民與漢人仍在，以捕魚耕種維生，並未如安平與府城那般繁榮下去。一府二鹿三艋舺，台灣的開拓由南至北發展，而大台北的開拓，從八里、新莊、艋舺，到清末的淡水與大稻埕。直到日治時期，和平島隨著日人對基隆的勵精圖治，揚起巨大的風帆。

日本人建設正濱漁港，成為基隆的漁業中心，中正路上的舊漁會大樓，一九三四年落成，銘誌彼時的榮光。正濱漁港與和平島的盛景，一直持續到二戰後台灣漁業的鼎盛期。一九八〇年代，設施更完善的八斗子漁港興起，加上漁業資源日漸枯竭，歷史的風帆緩緩降下，這幾年，轉往觀光與美食發展。

歷史是歷史，過去的事得好好了解，但毋須太膠著，把握當下才是。把握和平島的夜，別是一番風情，先到餐廳大啖海鮮，現烤軟翅、飛魚卵炒雞蛋、清蒸石斑、白鯧米粉，新鮮的生魚片不能少，各種明蝦螃蟹龍蝦，當然有啤酒與好友陪伴，乎乾啦！乎乾啦！

與親朋好友酒飽「鮮」足後，走到港邊，生鮮攤商都休息了，僅剩餐廳透出明亮的光。這是和平島之夜，停泊的漁船安詳入睡，淡淡的海風拂來。

望向內港，往海的方向而去，基隆嶼被黑湛湛的夜包圍，一點淡定，些許的距離，有點孤獨，心很沉靜。

這裡是最近的離島，一道跨海大橋相連，可稍稍離開這個擾攘的世界。在邊緣的外圍的一點點，歷史不遠，與海相親，就在這最老的小島中。

與基隆港同步呼吸
海洋廣場與西岸碼頭

鄭栗兒

應該很少有一座城市，在它的市中心就是一座港。

這是基隆無與倫比獨特的市容，狹小的腹地卻裝載大船入港的豪華場景，每一天都在這個城市輪番上演。也許你以為基隆的市區領域只在忠、孝、仁、愛、信、義……這些路上而已，那你就錯了，整個港口的海域都屬於基隆市廛的一部分，不，應該說是大部分。

獨一無二的氣味

大海的氣息、雨的氣息，在大巴士駛入基隆海洋廣場後，一下車即可嗅聞獨一無二的基隆氣味，帶著微微的魚腥味。有一道趣味問卷調查測驗你是不是基隆人，其中一題就是，在基隆站下車後，聞到迎面而來的港邊味道，覺得臭的就是外地人，覺得沒什麼的就是基隆人。

從高速公路大業隧道出來後，直駛即至基隆核心道路的孝二路，過忠四路、忠三路、忠二路，眼前即是前些年填海鋪造的海港廣場及忠一路，右轉往廟口方向，左轉往基隆火車站，就這麼簡單明白。

二〇一三年底黃小鴨旋風時，黃小鴨停靠在基隆港口，看似泡在一個ㄇ字型的澡缸裡，海洋廣場每天簇擁著來自台灣各地欣賞黃小鴨的觀光人潮。黃小鴨開幕那幾天雨大得驚人，小鴨被雨和停泊港邊郵輪的柴油煙，淋得全身髒兮兮，好不容易洗乾淨後卻意外爆破。黃小鴨爆破的那一天，是個難得的好晴天，我正搭車經過，看著偌大一整群人和電視台ＳＮＧ車擠滿了整個海洋廣場，忍不住穿越人群，發現黃小鴨已經成為一坨蛋黃了！

基隆的黃小鴨展出期間，真讓每位市民心跳破表，深怕一個不小心沒有正面的評價，反而更毀壞了市譽，儘管後來黃小鴨再度重現港邊，但過多的商業化行為已經喪失原先街頭藝術的單純性，每個人手中多了一隻塑膠鴨，代表參與了這項全城熱鴨的運動。

黃小鴨的萌樣讓人喜愛，但是基隆人更愛的是盤旋在港邊的老鷹（黑鳶）。基隆港的老鷹為了捕捉從旭川河流出的腐魚，很早以前就聚集在此盤旋飛舞，成為基隆市鳥。無論晴天或雨天都可以見到老鷹的身影，從海洋廣場未興建前，便吸引路過的民眾聚集在天橋及港邊人行道欣賞老鷹與輪船的畫面，賞鳥協會甚至立了一個木牌，記下每天老鷹出沒的數目。

港區最美的風景

我記得一九九三年以後，老鷹出現的紀錄愈來愈草率，甚至沒有了，木牌被海風吹得歪歪斜斜，即將掉下來的樣子。是老鷹消失了嗎？還是那個紀錄員怎麼了？每次經過這裡時，都很想打電話給老鷹協會，詢問一下：「嗨！你還好嗎？我必須告訴你，你的老鷹紀錄看板下面，已經被堆滿了垃圾，麥當勞的可樂杯，必勝客的空紙袋，還有吃剩的便當盒……，還有你的牌子要倒了，現在它變成了垃圾堆積的招牌，請出面處理一下好嗎？」

老鷹協會的電話沒響，我的訊息飄向海洋的空中。在那，老鷹依然在飛行，不管有沒有人記錄牠的蹤跡，時間像扭開的水龍頭流出的水，毫不客氣地流走了。直到二〇〇九年，嶄新自然休閒風格的木棧平台式的海洋廣場興建了，更多的攝影人士舉起大砲，一整天守在這裡，等待捕捉最美的遨翔英姿，甚至在旭川河出海口處，設置了餵食區，每天出現的老鷹可高達二十多隻，改寫過去的紀錄。

海洋廣場右側即是旭川河的排出口，上游崁仔頂為媲美日本築地的魚市。基隆

1 曾為基隆捲起一股旋風的黃色小鴨　2「鷹來鷹去」是基隆港最美的風景
3 媲美日本築地的崁仔頂魚市

最著名的批發魚市，白天是老舊成排的樓房，貌不起眼，只聞到殘留的魚腥味，到夜晚十一點開始點起巨大的燈泡，一箱箱現流魚貨逐一掀開喧囂的夜間魚市，直到黎明才歇息。崁仔頂的剩魚和海鮮，沿著旭川河慢慢流到港口，成為老鷹的食物。四十年前，旭川河加蓋了三幢大樓：明德、親民、至善大樓，成為前後兩條長長的商業街，但也讓旭川河堆積了更多垃圾和沼氣漂入港口，基隆港獨特氣味的形成，這條河流也算居功厥偉。

因為旭川河，使老鷹成為基隆港最美的風景，同時也成為基隆人的精神指標。關於精神指標，老鷹給予我最早的啟發，應該是我六或七歲時吧！天空顯得淒愴的傍晚暗色，港口海面繚繞著淡霧，一副很憂傷的樣子，這時一部公車緩緩駛入港口的終點站，母親拉著我下車。當時的我，參加一場漫長而無聊的作客，母親一大早就帶著我去和平島的大姑母家吃拜拜，而我心裡一直想回家卻身不由己，直到黃昏時才終於擺脫，但我在車上已經累得睡著了。我由母親牽著走在港邊的人行道上，頭靠在她的臂膀，迷迷糊糊走向車站旁的天橋，忽然一抬頭，發現一隻老鷹在即將暗夜的港口海面，進行最後的獨舞，這一幕場景就這麼烙印在我的時間之痕上，直到今日。如果說這隻老鷹鼓舞了我什麼，應該是那種強者的迷人特質，不管今天的天氣與遭遇，不管身邊有沒有誰，即使是天黑，即使是糟糕的下雨天，即使只有自己，也還是堅持著優雅的漫舞，這就是生命之道。

新世紀的百萬夜景

除了老鷹，郵輪更是基隆港的百萬夜景，秋冬季節郵輪未來時的基隆港區，在東北季風肆虐下顯得很冷清，到了四、五月以後，麗星郵輪來駐港了，與陸續而至的水手號或中遠之星等，將整個港口點綴得無限華麗。某一天，發現火車站對面的星巴克咖啡館擠滿了一堆歐洲老先生、老太太，悠閒坐在哪裡喝咖啡，打發時間，就知道是郵輪的季節來臨。他們在基隆市區閒逛，不搭遊覽車去台北一〇一觀光，也為基隆老舊街道增添幾許異國風情。據說這些歐洲老先生、老太太退休後，沒事都賴在郵輪上遊走世界，也許下一次又有熟面孔出現在基隆港。白天的廟口還很冷清，八斗子、和平島又嫌遠了些，所以他們多在海洋廣場遊晃，星巴克是最好的去處，一杯咖啡就可以上岸消磨半天。

如果可以更理解基隆的建築文化特色的話，這些外國觀光客應該會放下手中的咖啡，到隔壁的陽明海運大樓及海港大樓，乃至日式建築的老郵局和近兩年吵得沸沸揚揚的西二、西三碼頭倉庫好好逛一圈。

歷史建築之旅

陽明海運大樓位於火車站斜對面，旁為公車總站，小時候這棟古典的大樓及花園廣場是我的遊樂場，我喜歡踩在光滑的磨石地板上，從側邊的階梯一階階爬上去，經過一間間的辨公室，再從長廊另側一階階走下來，對孩子的我來說，如同迷宮一般。

說是大樓，其實是三層樓高的古蹟，尖塔圓拱的造型，於日治時期一九一五年

1 郵輪駐港，為基隆增添許多異國氣氛　2 海港大樓有許多基隆港務辦公機構
3 海港大樓裡的豪華古董郵箱

五月落成，是當年近海郵船株式會社的基隆分公司。而目前的基隆公車總站所在地，則為大阪商船的基隆分公司。二次世界大戰時，大阪商船基隆分公司被戰火所毀，近海郵船基隆分公司則尖塔受損。台灣光復後，招商局接管這棟建物，並轉投資成立陽明海運公司，二〇〇四年十二月底，重新規劃為海洋文化藝術館完工啟用至今，是基隆十大歷史建築之一。

在還沒有改造為文化藝術館之前的招商局時代，陽明海運大樓的騎樓聚集了幾家小吃攤販。基隆的小吃真是無處不吃、無處不在，只要有騎樓即有小吃攤販的存在。劉家臭豆腐與麵攤是當時的經典。劉家臭豆腐說起來在基隆應該數一數二，配上獨家的魷魚羹湯，算是名聞基隆火車站一帶的經典小吃，往往步出火車站過馬路未到公車總站，就可聞到陣陣臭豆腐驚人的「香」氣！陽明海運改造為陽明海洋文化藝術館後，重新整理門面，攤販逐一散去，劉家臭豆腐也搬遷到海港大樓對面的店面，一樣飄香基隆港。

陽明海運大樓隔壁的海港大樓也是基隆市歷史建築十景之一，也是台灣歷史建築百景排名第八十名，原名「基隆港合同廳舍」的海港大樓，是由當時任總督府交通局技師的鈴置良一所設計，做為基隆港務主要機構，以便利當時港務運作。

基隆港合同廳舍於一九三四年落成，完工後遷入的機構有基隆稅關（今基隆關前身）、台北州港務部（今基隆港務分公司前身）等機構。民國三十六年（一九四七）改稱「海港大樓」，目前仍有許多基隆港相關港務機構在此辦公，像是基隆海關。

海港大樓的主體原為三層樓高，光復後加蓋為四層樓，塔樓樓高五層，旁邊的附屬建築則為三層樓，外觀轉角處做成圓弧形，帶著巴洛克氣息，並帶有象徵基隆港船舶航行海洋的意象。我哥哥在基隆海關上班時，每次經過這裡，都會想到哥哥在裡面工作，不知是怎樣的情景，直到某天傍晚時針指向五點五十九分，踏進港西街已經空蕩蕩的辦公室，意外發現竟然有美麗的圓形門廳，還有漂亮的柱子、造型典雅的燈具，以及堪稱全台灣最豪華的郵箱。

沿著港西街而走，還會經過老郵局、大時代場景的西二、西三碼頭，這裡停泊著軍艦和台馬輪，幾次夜裡乘船去馬祖就在這裡登船。有一次目睹一位阿兵哥來不及上船，在碼頭邊上大喊請求台馬輪停下。船沒搭上，不知道他隔天趕飛機回馬祖時，會受到什麼懲罰？但船已經要開了，登船板也收了，無法回頭了。

黑輪伯的鐵漢精神

無法回頭的故事在基隆港西二、西三碼頭發生太多了，從遣返戰敗的日本人到迎接戰敗的國民黨部隊，以及後來在碼頭討生活的船員、工人……，這兩座倉庫與鐵道邊賣炭烤燒餅、胡椒餅的老兵一家三口，以及永遠一台腳踏車擺賣燒邁、龍鳳腿的阿伯，可以做為見證。

鐵道邊、碼頭旁討生活，與基隆港同步呼吸，能夠歷經時間的淬鍊而始終存在，那份鐵漢精神足以媲美西二、西三碼頭倉庫和飛舞的老鷹。在這裡，所有基隆人都認識、林強歌曲中的主角「黑輪伯」絕對當仁不讓，畢竟炭烤胡椒餅還有一個可遮風避雨的攤位，而黑輪伯卻得推著腳踏車，不論颱風下雨都得一大清早就在綿綿細雨的基隆港佇站一天，以前是賣黑輪，現在是龍鳳腿及燒邁，如此漫漫一甲子

1 基隆港西三碼頭，述說著許多時代的故事　2 很少有一個地方，港口就在市中心

過去。他賣的這三樣小吃，從小到大我都買過，儘管我不是他的常客，卻也很敬佩這位八十多歲的鄭軾欽老先生所代表的基隆在地精神。基隆孩子誰雨天不出門呢？這種風雨無阻又帶著自然浪漫色彩，就是基隆人或者說基隆老鷹的人生哲學。

山海交錯的絕美境地

忘憂谷與八斗子

鄭順聰

讓我跟你說一個特別的夜晚的故事。那是一九八三年的海濱之夜。

我手中的一幀青春的照片——黎明，曙光乍現，海濱崖頂，我們的合影。因為逆光之故，整個畫面顯得模糊而不清晰。太陽正自海平面逐漸上升，我們所站位置背後的遠處海域，也因朝陽的反射，霎現七彩的燦爛繽紛。

我們每個人都敞開嘴笑著，每一個人各有姿態，笑著，一派青春容顏。純粹而迷人。笑著。

那是我們其中某位L的守望員哥哥為我們而拍攝的。我們唯一一次僅有的共影。

我每每想及我二十年歲的所有，發生的事件，種種情緒，以及最深刻的記憶，腦海裡總是浮現這幀照片的影像，和那一晚短暫片段。

它代表我的二十歲，或者，我們的二十歲。

但卻想不起那晚為何去到那海濱。太過悲傷？治療憂鬱？那樣的年紀，無所事事的閒蕩，似乎頹喪的無聊……，其實也沒為什麼，不過只是分享著青春的寂寞。

港口子夜零點的船鳴正響，鳴成一聲清脆的笛音一般。最後一班開往東北角海濱八斗子的公車緩緩上路。整個偌大的空蕩車廂被我們一群人占據。在終點前一站，我們下車。摸著黑，尋找到通往海濱崖頂芒草密布的碎石山徑，冷不防被尖銳的小石塊給扎到腳底……。繞了幾個彎後，眼前即見一片平坦的崖頂高地，初夏盛長的芒草錯落其間，其實是草坪空地和兩個防空洞壕。

天色靉靆模糊，海面黑黝深奧，L的守望員哥哥正舉起手中的探照燈，朝空曠的海平面的某艘船隻，打著三長兩短的傳達信號，正像是《小王子》書中的某個行星點燈者，正盡忠職守地執行他的指引任務。

1 鄭栗兒（前排右二）二十歲時的青春合影　2 忘憂谷是基隆人的伊甸園
3 山海遼闊，是一種無庸置疑的美

明滅的探照燈光，一閃一閃，與某個不知名，諸多船隻的其中一艘，正進行著對談，光的次數與長度，形成語言符號。

我們聚在守望員的身邊，大海在我們腳下，一大片波紋蕩漾的黑絲絨一般，幽藍的船火，小漁港閃爍的燈光，與遠處山間九份的一窩星光交相輝映，這場景深深撼動我們的心，應該說震懾我們的心。

就這樣的一個夜晚，我們躺在草坪上，投身巨大之間，L守望員的哥哥則悠然地躺在遮陽傘下的躺椅上，從小冰桶取出一罐涼啤酒喝著……。如果你能用一雙心的眼睛，像坐直升機一樣，在天際的某個高度俯瞰孤獨崖頂上躺成一排的我們，和周遭闇暗的海域，以一個遼闊的廣角去領略，你必然明白那是一種貼近宇宙的感動。我們聊什麼事已經忘記了，比起整個宇宙，語言就像是沉睡鯨魚吐出的氣泡。

一切如此熟悉且遙遠。

那裡，就是我們初春踏訪的忘憂谷高地。第一眼看見那海洋的深邃，你說，這裡實在太美了！是的，無庸置疑的美！

——鄭栗兒〈忘憂．望幽，消逝的一九八三〉

三百六十度全視角

讓我也跟你說一段不凡的奇異歷程。

那是二〇一五年夏日的傍晚。

開車奔馳於高速公路上，轉62號快速道路，下調和街直行，經過市場，我來到擾攘的路口。

來到基福公路的交叉口，我就知道，八斗子到了。

尋福清宮旁的路鑽入，再往側旁小路再側旁往上。

忘憂谷在深處忘憂著。

從基隆朋友的口中，我聽聞許多忘憂谷的青春往事，那是基隆人的伊甸園——男女學生踏青聯誼，先是抽摩托車鑰匙，雙載在海岸公路飆車，往忘憂谷爬山踏青去。在高地的平坦處，玩青春的嬉鬧遊戲：折報紙、大風吹，追來逐去累了就席地而坐，眺望八斗子漁港與基隆嶼，漁船停在海中央，波光粼粼。

這處山巒本是座島，因興建火力發電廠連成半島，三百六十度環繞，每一面都是絕佳的人文自然美景：八斗子漁港、媽祖廟度天宮、海洋科技博物館、長潭尾漁港、潮境公園、七斗山與海岸的奇岩怪石……自然學家在此發現數十種留鳥與候鳥，這裡是蝴蝶昆蟲的寶庫，植物為了在海風與鹽分下生存，根扎得特別深……。

這座七斗山脈中間的凹陷處，忘憂谷忘憂著，面海處隆起兩座小山丘，想親近海，得從觀海平台順著亮白的方硬階梯而下，四周是堅韌墨綠的植被，蝴蝶翩然飛翔，耳朵分不清是哪一種鳥的啼囀。到了谷底，小山丘撕紙般浮貼於視野的兩側，前後相疊，登山步道在山丘上劃下虛線，雙腳順虛線攀爬，在高處，剪出一角海洋；望向那座更高的山丘，頂端有座碉堡，因背光只餘輪廓，跨過這山，就是汪洋與燦金的晚霞……。

凡踏足過忘憂谷的人，內心總會不斷呼喚，要再去體驗那山海的絕美境地。

我再次前來，開車獨行，GPS導引不致迷路，但上山的路塞住了。

車輛停塞不動，有人下車大喊：「前面發生車禍，全面撤退。」

警車從後頭硬是鑽上，我轉了個大彎狼狽下山。

忘憂的路，暫時不得過。

1 八斗子漁港與海洋科技博物館　2 八斗子漁村的傳統氣息
3 清新的龍崗步道　4 槓仔寮砲台的圓形基座

沿著海岸而行

帶著探索的心情，我不斷往基隆而去。

路難免壅塞，然而，這樣的阻斷，還是第一次。

再次回到福清宮前的熱鬧路口，不知要往哪裡去。

與子偕行，我的八斗子套裝行程，當然是直奔海科館，在清涼寬敞的灰色科技建築中，同女兒體驗海洋的奧妙。要是假日的夜晚，沒有下雨，夜市便散發致命的吸引力，真是庶民吃喝玩樂的遊園地啊！大家短褲拖鞋的，手拿烤肉雞排冬瓜茶枝仔冰，肉汁涼水滴滴落，邊走邊吃真逍遙。孩子們把喜悅掛在臉上，彈珠玩罷隨即溜去撈魚，發電機聲音轟隆隆不覺得吵。圍繞著巨大的小叮噹模型團團轉啊團團轉，抬頭一望，橘黃色光芒朝山上探照，觀世音飄逸慈悲，彌勒佛自在盤坐，笑看底下的夜市人生。

除此之外，海洋大學規劃的龍崗步道，春末夏初可觀賞螢火蟲，順小溪山徑往槓仔寮砲台，登高眺望——山海大景在基隆並不稀奇，這裡的獨到處，是兩層樓高的石砌駁崁圍出的高敞空間，圓形砲座長滿水生植物，成為綠色的大圓形，青蛙在裡頭兀自鳴叫著，這處山間的陣地，清爽宜人。

我還知道，海科館火車站旁，有一條巨榕綠色隧道，容軒步道小蜿蜒，走起來輕鬆愜意，完善的瞭望台與解說牌，八斗子海岸盡收眼底：番仔澳、基隆山、望海巷、長潭尾、七斗子、八斗子漁港、海洋大學、和平島……。森林內還有座火車站，過去運煤載金，現在運載著遊客，從瑞芳來到這綠色祕境。而且，輕鬆翻過小山頭，就是座漁村，古名「換番」，現在的名字很浪漫，叫「望海巷」……。

那道奇異的光芒

通往忘憂谷，還有另一條路，繞道潮境公園，從七斗山的面海處登山而入。潮境公園本是處垃圾掩埋場，現填海造陸綠化為公園。從雙膨山望過去，怎能不驚嘆這超展開的海景，由左往右，從海上往陸地做廣角攝影：番仔澳岬角細長優美，其旁有圓鼓的基隆山壓陣，沙金般沉積的山間聚落，是夜晚會發光的九份，深澳山沿海垂直壁立，帶點韻律起伏，和胸膛厚深的海洋，山海呼應。

原以為這景色已是極致，回頭一望，七斗山拔起峭壁，鐵鏽色、節理微有剝落，獨對蒼茫的海洋。

天空點下雨絲，夕陽包在雲中，微微透光。

轉眼間，陽光射破雲朵，朝海面落下光芒。

天上的雲朵，與陸上的七斗山，遙相對抗。

柔軟對堅硬，光芒對岩壁，那一刻，我知道，這就是神啟。冥冥之中似有安排，忘憂谷任其忘憂，老天爺要我走另一條路，領略這燦爛的神啟。

沒想到，另外一個高潮出現了。

光芒如瀑布般流瀉，照亮了基隆港的出海口，在水霧的包孕中，我清楚地看見圓拱形的社寮大橋、和平島，還有基隆港對岸，白米甕砲台背後那協和電廠的三根大煙囪。

這戲劇的時刻，非常短暫，夕陽再度被雲包起來，迅速丟入海中央。

光瀑流洩，戲劇時刻，稍縱即逝

歸航的漁船力不從心，拖長的水痕沉甸甸，不知是漁獲滿載跑不動，還是想家的心情太過飽滿。

我走到堤岸旁，邊走邊瞻望七斗山，雄偉的峭壁，鐵繡色節理，帶著一股倔強，與汪洋抗衡。

山的背後，忘憂谷在深處忘憂著。

輯四

人氣

在歲月中流轉的生靈故事

基隆中元祭

鄭栗兒

一如往年，基隆中元祭總在每年農曆七月初一登場，在三十結束。

基隆其實沿襲許多日本殖民的生活型態，飲食方面，像是咖哩飯、天婦羅、生魚片、壽司、味噌湯、便當夾一片黃蘿蔔或是隨處可見的居酒屋小攤，還有服飾穿著也一定要跟上日本當季流行，從孝二路整排委託行街櫥窗掛的亮眼新裝，即可窺見端睨。基隆人不管雨下再大，也要把自己打扮得像一個日本女人，這是我媽媽那一代的美學觀點，化妝是一種基本的禮貌，而每年一度的鬼月中元節那種遊行排場，更直媲日本京都的祇園祭。

說起來，基隆每年最熱鬧的不是跨年晚會，因為年輕人都跑去台北一〇一看煙火，也不是春節過年，因為全城人大概消失了一半以上到外地渡假旅行。但到了農曆七月十四晚，中元節遊行和海濱放水燈可就是沸騰一時、人鬼共歡的年度祭典盛事。

人鬼共歡是迷信，也是善心善意

基隆的中元祭注最早起源於清代，為了平撫福建漳州人和泉州人之間因利益衝突而衍生大規模械鬥，造成死傷慘烈，後來雙方大老出面協調，將兩邊死難的骨骸合葬祭祀，稱為「老大公」，廟名為「老大公廟」（位於基隆樂一路76巷37號），彼此協商按照姓氏輪值主普，從此漳泉融合，輪流舉辦中元超渡儀式，普施一切孤魂幽靈，從一八五六年開始舉辦，至今已近一百六十年。

也許不是所有基隆人都明白中元祭的由來和典故，但對於這個祭典都十分重

注／

雞籠中元祭，或稱基隆中元祭，每年農曆七月於基隆所舉辦的中元法會，是台灣重要民俗祭典，名列為「台灣十二大地方慶節」之一和第一個通過國家級認證的無形文化資產。整體以中元節為核心，涵蓋相關民間宗教儀式與官方、民間的周邊藝文活動。從農曆七月一日老大公廟開龕門起，歷經十二日之主普壇開燈放彩，十三日迎斗燈遶境祈福，十四日放水燈遊行、海濱放水燈頭以及十五日公私普度、跳鍾馗，八月一日關龕門等，整個祭典活動長達一個月。

視，因為要拜好兄弟的緣故，就算平時不燒香拜拜的人，也多會在農曆七月參加社區或宮廟所舉行的普度祭祀。基隆人的想法是，每年農曆七月是好兄弟們出來透氣、接受施食的一月，從初一開始到三十的每一天，陸續都有人家擺桌敬拜好兄弟，鄰里或社區也會拚桌盛大祭拜，晚上則一起吃辦桌，順便祭自己的五臟廟，和鄰居們聯絡感情。

拜好兄弟，你可以說是一種求平安的迷信，但我覺得這是基隆人的一種慈悲心，想到那些可憐的孤魂野鬼無人祭拜，所以在這一個月準備供品和紙錢，給好兄弟們年度補給，這些從小到大養成的善心善意，也成為基隆人的一種人情味。像我每一年都要打電話給母親，討論今年拜拜的時辰和要準備的菜色，母親不忘提醒我記得購買給好兄弟洗手洗臉的臉盆、牙刷、肥皂、毛巾和化妝的粉……。母親年紀更大了後，索性就和社區或附近宮廟一起拜，沒空準備供品時，繳五百元，就可領回米、醬油、罐頭……，這種看似一般的民間習俗，正是基隆的人文與生活之趣。

放水燈遊行掀高潮

幾乎每一個基隆小孩，都有機會參與中元祭的放水燈遊行行列，不管是天晴或天雨，都要在那個夜晚走遍整個基隆市區，到半夜望海巷放水燈部分，就交給主普和各宗親會負責人，遊行的大人、小孩終於可以歇歇腿，我曾經在國中和高中時各參加過一次遊行活動，真的走得腳都快斷掉了。

早年遊行還是各宗親會準備的花燈車和車鼓陣頭，近年來逐漸觀光化後，加入了國外的一些歡樂元素，扮鬼狂歡或者重機車隊、直排輪、舞蹈、鼓隊……等等，遊行的隊伍往往愈走愈長，因為走到後來，不是脫離前面的速度，不然就是表演太久，形成壅塞。拜拜是每一年大家都會拜的，但不是每一年我們都會去看遊行，除了避免街上人擠人外，想看的話，打開電視也有立即實況轉播。

有一年輪到我們鄭氏主普，當時主普壇才剛從忠四路遷移到中正公園，當主普時有一種很神氣的感覺，除了遊行隊伍排第一個外，還可以登上主普壇，當然也要多花一些經費。每一年我們都會從主普的排場與陣仗，討論這個姓氏宗親的來頭和

1 享譽國際的電音三太子，與小朋友親切互動　2 放水燈遊行中活潑生動的造型花燈
3 民眾爭相欣賞舞龍表演　4 望海巷放水燈，為中元祭活動掀起高潮

「錢」勢，有些大姓或地方政治家族，像是謝姓或林姓，輪到他們主普時，陣仗就不小了，整個遊行隊伍落落長的一串，花燈車也擺飾得特別好看，配合龍鳳造型或是該年生肖的動物，妝點得無比華麗耀眼，站在花燈車上仙女扮相的女孩，向底下的群眾一一揮手致意，猶如真的仙女下凡一般。

記憶在歲月裡生了根

忘記了那一年鄭姓主普的遊行隊伍是怎樣的氣勢和呈現，印象中最深刻的是爸爸帶我去中正公園的新主普壇。通常農曆七月十二日時，主普壇就會開燈放彩，一直開到整個農曆七月結束。我們站在現在看起來有點落伍，當時卻帶著宮廷氣息的新建築樓頂上，環視整個基隆港和中正公園，小小的孩子心裡升起一種莫名的驕傲感：「我可以站在這裡看世界。」感覺我爸爸也變成好巨大、好了不起！可以參與主普宗親這麼重要的地方活動，也讓我與有榮焉地站在這個地方，而且不是任何小孩都可以上來的。

我父親是一個很有穩重鄉紳氣質的人，很少說粗話或莽撞行事，他帶領的碼頭工人有的很粗俗，喝了酒就亂說話，但我父親對他們很有包容心。只可惜碼頭逐漸沒落，中年時他不得不把牌照賣掉，雖然也在區公所擔任三十年的調解委員，贏得許多敬重，但說起來，我父親一生終究沒有按照自己的意願活出自己的人生，都是在營生中委屈真實的自己。那一年我和父親一起站主普壇上，分享著一種榮耀，對我或者父親來說，是很特別的一刻。父親已經離開多年，留給我的記憶裡，這一幕也是永遠不會忘記的一刻。

奶奶最後的生命敬重

最感人的一幕，是我的奶奶在得老人痴呆症的前一年，不知為何一直嚷著要看遊行。那是一九九一年的夏天，祖母已經八十多歲了，來到住在田寮河旁延平街的二哥家時，就說她很久沒看放水燈了，今年她想看看。對老一輩的基隆人來說，看放水燈遊行是一件很正式的事情，不僅要穿著隆重，很早就要去街上卡一個好位置，有一個好視野看熱鬧，去感受這份儀式的內涵，對鬼神的敬重，同時祭典也代表著無聊市井生活的一個活潑插曲。老一代的基隆人很歡喜拜拜，拜拜不但可以求平安，還可以品嚐豐富的筵席，最重要是慶典的歡樂感，帶給自己和家人的那一股莫名的喜悅。

我的奶奶是一個堅毅的女性，一生守著一個大家族，依賴著孩子，過著儉約的生活，所以她很懂得如何打發平淡的日子，也很少會向子孫要什麼，那一代女性所具有的溫良恭儉讓的品德，我祖母一應俱全。雖然如此，她懂得獨立自處、自得其樂，卻不曾有過真實的幸福和安樂，一直擔心子孫們的生計安穩嗎？賺不賺得到

放水燈遊行，是許多基隆人的共同美好記憶

1 中元祭主普壇，絢爛奪目　2 基隆各級學校學生，積極投入中元祭活動
3 中元祭放水燈遊行中的傳統花燈　4 放水燈遊行現場，萬頭攢動

錢？那麼多的子子孫孫，用台語來說，「真是一串肉粽！」祖母的憂煩沒有落幕的一天。她特別疼愛我和哥哥姊姊們，我們也都很愛她，她真正內心的需求，也只會對我們說。

於是，一九九一年夏天農曆七月十四，天氣燠熱的夜，我頂著五個月的大肚子和哥哥、嫂嫂陪著奶奶在田寮河邊站了一晚，等待川流而至的遊行隊伍緩緩經過。遊行隊伍從港邊市區忠一路開始走到田寮河信一路時，已經接近尾聲了，但還是聚集不少觀賞的人潮。祖母穿著一襲夏天的中式長衫，手搖著扇子，看著眼前這番舞龍舞獅熱鬧場景，加上一輛接一輛的絢爛花燈車，目眩神迷而忍不住笑顏逐開。我們都像個孩子一樣開心，祭典也是一種慶典，慶祝生命總是因為愛而完成。

隔年，祖母就完全退化變成真正的孩子了！她愈來愈不認識我們，到後來也不認識她自己，每每回想此事，我內心就好慶幸，陪伴祖母看了她生平最後一次的中元祭遊行，圓滿她的心願。這以後，再去看遊行，就是和先生帶著孩子們去觀賞了，先生將孩子舉在肩上，讓孩子可以穿越擁擠人群看清楚表演，那一幕也應該是父親與我共同的經歷吧！

生與靈的故事交會

生命或者世代，就在一年年基隆中元祭典中逐漸交替。每一年的中元祭推陳出新，同樣地我們也一樣隨著新時代的命運之輪前進。我已經很久沒去看中元祭遊行了，對我來說，它就像是一個過去的印記，當然也可能在未來重新再刻印。日本女作家壽岳章子在她的《喜樂京都》書中，談到祇園祭霄山不可思議的魅力，在大汗淋漓穿越雜遝的人群時，腦海閃過一個念頭：「活在歲月的流轉中，真是一件有意思的事啊！」

是的，歲月流轉間，讓我更明白生命真的是一則則故事，你願意如何書寫，完全是你的事。而中元祭是無數生與靈的故事交會，在靜樸的雨港生活迸出一抹璀燦的煙火，照耀出生命的價值，有一點奇幻，也是每一個基隆人會說的故事。

廟口夜市
穿越時空的愛情

鄭順聰

她牽著我的手，熟練地穿越人潮縫隙，從仁三路此處，來到愛四路彼端。路幅不甚寬，但得閃躲觀光客的背包，小心他人手中的小吃，時不時，腳後跟會被踢一下。說曲折也不曲折，我們很快在廟埕邊邊坐好，品一口高湯再將滑溜的鼎邊趖入口，這間廟叫奠濟宮，主祀開漳聖王，大殿靜穆。

戀愛初期，廟口是我們約會的主場景，她總是牽著我的手，探索一格格窄小攤位深藏的美味：天婦羅、油蔥粿、米粉湯、泡泡冰，三明治有長條油炸或方形炭烤，八寶冬粉和咖哩飯她也愛，我偏愛豬腳原汁與滷排骨，最後一道，必定是三兄弟的豆花……她的家人會來電點餐，說滷肉飯要天一香的，肉羹湯就是那家那家啦……。

我們的愛情，早凝固為親情。

愛情，天馬行空千變萬化；親情，百變不離其宗，是一種習慣，習慣到基隆，到廟口的攤攤店店中，用舌頭的滿足，溫暖彼此的愛意。

從情人凝固為夫妻後，世界依然，廟口瀏整齊新了，喧譁依然，美味依然，如同千千萬萬的基隆戀人，我們在廟口談戀愛，在人潮中穿越，來來去去如絲線，編織我們的愛情。

穿越人潮縫隙，我們穿越了時間，在廟口編織記憶。

時間穿越人潮，穿越我們的青春，在廟口編織歷史。

走在百年巷弄中

從戀愛的甜蜜，新婚燕爾，現在得牽著孩子的手，在板凳、窄桌、雨滴之間，尋覓暫憩的角落。

剛開始，是她牽著我的手，打開味蕾的祕密；現在，是她依著我，以好奇心做引導，在迷宮般的城市考古。

好奇心超越味蕾，昇華為一種全覽式的觀看。我打開地圖，在忠孝仁愛信義和平的井然街道中，發現那些彎曲斜穿的小路，直覺告訴我，那是就是歷史。

果然沒錯，基隆港的街道規劃，奠基於日治時期的街道改正，在現代的縫隙中，仍留存著清代的遺跡。

跨越時空，得從紀家豬腳原汁專家旁的愛三路98巷開始，這是標準的基隆巷弄，每一寸空間皆被充分利用，店面與路的縫隙擺上假人模特兒，壁面掛滿了配件與首飾，陰暗不為人知的角落，矗立著紅磚砌疊的洋樓，曾是風華絕代的地方啊！如今沉積在時間的最底層，任其荒廢殘破。

98巷續往前行，穿越愛三路，來到愛二路54巷，想像百多年前的清朝，兩側的店鋪以茅草覆蓋，名為「草店尾街」。古樸如墟落的風景已消逝，現在是熱鬧的街市，日本料理店與畫廊那紳派的氣息挺起胸來。續往前行，經過九份魚丸伯，在李鵠餅店斜對面的巷弄，兒童玩具車引導我走入漆黑的暗巷，愛一路17巷橫穿而過，這裡的巷道被樓房與雨棚遮蓋，看不到天空，卻如藏寶箱封存著傳統的米店與金紙店，羅耀的所在往往是漢人聚落的核心，寥落的此處，曾是基隆的最繁盛。

時光在此折返，穿越愛二路，過去老牌莊燒邁大王內的愛三路49巷，寬不足三米，百多年前可是馬匹與轎子行走的「官道」，探入深處，就在擇日算命館旁，福德祠的燭火金紙安然，這是基隆最古老的土地公廟之一。大神龕包著小神龕，是繁鬧街市中的樓中樓，土地公與土地婆作伴，兩側陪祀神福氣喜樂，龍邊叫「招財爺」，虎邊當然就是「進寶爺」。

這些清朝的古道，仍在基隆港的肚腹溫存，那不是直角平行的幾何現代，而是人聚集而成的不規則，角度帶小數點的歪曲街道，因為小數點與傾斜，有種逸離的自在，讓時間在其中漫步踟躕。

1 鄭順聰與蔡禮如合影（當時仍是同學，還未升格成情人）

2 廟口夜市是全台人氣最鼎盛的美食聖地之一

許梓桑文藝復興

那是她全然不知道的歷史，我興奮地向她訴說。

然而，對她而言，基隆就是這樣，從未聽她抱怨過雨的黏膩不適；基隆港之衰敗停滯，屬於父母那一輩的感嘆；港畔長年的怪味，她確確實實聞到了，不會抱怨不會想改變，她是基隆的女兒，早習慣這個家了。

有一天，她暫離兩個孩子的黏纏，放封到廟口自在走踏。在便利商店坐著，她看到騎樓下倒臥的流浪漢，嘴唇灰澹的煙花女頹視寐行……這時，基隆的女兒不再痲痹，暫抛母親的身分，成為基隆的市民，她看到：髒黑的樓房、蕭條的市況、灰敗的色調，一個老者在便利商店滑倒了，於地上翻滾哀叫，她很想去攙扶，但超商店員似乎習以為常，自顧自地補貨結帳。

那樣的冷漠，在她的心中盤桓不去，思考了多日，她說：孩子長大獨立後，她最大的心願，是為基隆做點事。

她不知道，已經有許多人在為基隆做事了。廟口旁，老一輩稱做「少將腳」的

1 許梓桑古厝矗立在半山角落　2 拾著曲折的階梯向上，視野大大不同
3 梓桑之花記錄曾經的風華

地號名，步上張仙燴飯旁的階梯，經過防空洞與兇猛的犬，路兩旁的青苔因雨水浸潤而長年青翠，煥發神氣的明亮，這是水氣飽滿的基隆之特有。

曲折的階梯看似無路，一盤旋，許梓桑古厝就在那兒。

許梓桑，日治時期基隆的政治領袖，他的家宅，位於山的挺拔處，俯臨基隆港市，對著鉛筆般插立的超高大樓。

久久無人聞問的古厝，因有志之士與在地文青的覺醒，在漫長的溝通與一次次的整理後，重新煥發光芒。

許梓桑，儼然蛻變成基隆復興的象徵，圍繞著古厝，喚起了雨都對古蹟保存的重視，基隆市長年的政治汙名，慢慢轉成文化議題，反思城市的身世，最重要的，大家採取了行動。

若延續以往的平面思考，在廟口，你永遠走不到古厝。得是立體的提升，穿越窄隘的街道與簇集的房屋，一步一步往上爬。提升高度，視野就會轉換，可以俯瞰與瞭望，以許梓桑古厝為象徵的文化復興運動，打開基隆的新可能，如同墀頭的那朵花，即將華麗綻放。

土地公的山居歲月

廟口不只是廟口，他有感情、時間與視野的穿越，同是通往許梓桑古厝的階梯，叉路往玉田里里民中心，有間土地公廟，廟體由石塊砌成，再以洗石子與水泥包護，其旁的金爐，以花草弧線捏塑造型，猶如多肉植物燈籠草，這是台式的Art Nouvelle。雖在基隆市區，此處卻幽靜得洗塵，鳥叫、雨滴與風拂過竹林的聲音，明亮愉快。跨入室內，隨即襲來清涼，隨意擺放的木椅，脆化的籤詩無人問津，反而堆疊成時間的飽滿，土地公與土地婆相伴，享受這山居的清淨歲月。

在基隆，視窗隨時可以切換，前一刻是喧鬧，下一步就是幽靜，土地公廟側旁，有一面攀藤交織的青翠石壁，沿著山徑而上，轉角叢聚著竹抱，散發林野氣息，近三百六十度的轉彎後，陡峭的階梯通往南榮社區與紅淡山，春天若走到深處，櫻花滿山遍野。

山不必走到最深，險峻山徑之路半，有顆肌理雄厚的大石頭，信徒立祠恭奉。在此回頭一看，山腳下是仁四路，山徑與市區道路竟筆直相接，拉出幾十公尺的落差，真是奇景。

基隆的市廛與山林，如此靠近，大自然的壯闊與人工的手法，巧妙結合。

讓我們手牽著手

雖已是兩個孩子的爸媽了，我們依然會手牽著手，步出基隆火車站，穿越公車站與天橋，去基隆人最熟悉的廟口，最熱門的觀光景點。在城隍廟門前步入地下道，鋪面總是濕淋淋的，腳步得小心翼翼，出了地下道轉彎又轉彎，來到媽祖廟慶安宮牌樓前……。

下一步，我們會穿越崁仔頂魚市與仁愛市場，前往那個光燦的廟口，在攤攤店店前，用味覺滿足我們的愛意。

且慢。

我停下腳步，拉起她的手，穿越慶安宮的牌樓，步入正殿。我們拜禱，仰望媽

1 花草弧線造型的金爐，是台式 Art Nouvelle　2 山徑與仁四路筆直相連，真是基隆奇景
3 慶安宮的媽祖看顧著雨都，看顧著子民，歲歲年年

祖，媽祖也凝視著我們，凝視基隆港，以海為生，依山而居，暫時喪失了自信，忘卻初衷。

城市不是衰敗，而是沉睡著。千門萬戶中，老居民協同年輕人正在喚醒城市，他們勤奮地磨做，發揮創意，積極行動。

媽祖廟大殿，香煙悠悠緩緩盤繞而上，穿越了屋頂，往蒼穹而去。

那雙期待的眼，正俯瞰這座港市。

霧雨雖朦朧，美好的事就要發生。

店家資料更新於二〇一五年八月

火車站前

孝三路，基隆人的美食大街，位於火車站前，交通便利，還有許多隱藏版的獨門美食，可說是雨港兒女的心頭好。

基隆港邊黑輪仔伯

這是基隆的現代傳奇，你定要認識林強歌曲中的〈黑輪伯仔〉，就在火車站附近、基隆港畔。古董單車載著蒸籠，餡料飽滿的龍鳳腿與燒邁，用木炭徐徐加熱，這個彰化北上的阿伯，風雨無阻，屹立超過一甲子，依然堅持！依然勵志！

地址／仁愛區港西街往中山路的轉彎路口。

鐵路邊胡椒餅

黑輪伯有下港人的脾性，比鄰的胡椒餅阿伯，充分發揮礦工的精神，拿著手電筒，探照鐵桶內那寶石般的胡椒餅。位於繁忙的路口、簡陋的工地旁，火候餡料有夠「頂真」，吃胡椒餅，皮要扯一下才有的撕裂，肉汁與感動齊時噴發！

地址／仁愛區港西街往中山路轉彎方向，即將搬到中山區新生路100號。

劉家臭豆腐

火車站右側的劉家臭豆腐，炸得酥脆香，搭配台式泡菜和魷魚羹湯，堪稱一絕。從原本的陽明海運大樓路邊攤，飄香到港西街店面，五十年來，兩代經營的劉家臭豆腐更有老闆每月捐款的默默愛心。

地址／仁愛區港西街19號

孝三路大腸圈

腸衣新鮮，糯米紮實，不調味不加花生，深色滷汁很「神祕」，蒸出北台灣最厲害糯米腸。蒸籠鍋蓋打開，豬內臟滿到跳出來，小菜必「點切」：豬舌、豬心、豬肺、軟／硬管、肝連、吉古拉、豬肚帶……這場大腸黑白切盛宴，華麗無雙。

地址／仁愛區孝三路99巷3號（早班），孝三路80號巷內（晚班）。

孝三路肉圓・魷魚羹

典型的紅糟肉圓，在基隆，決勝點乃甜辣醬，家家獨門，撒上香菜，一粒是一次味覺的飽滿。魷魚羹必點，清爽的湯頭浮滿魚漿，咬下去，是一整塊、一整塊的魷魚條！肉味盈溢身心靈，在濕冷的午後，是解饞的點心雙重奏。

地址／仁愛區孝三路97號

長腳麵食

吉古拉、餛飩、貢丸、滷蛋，還有滾濃滷鍋內的油豆腐，光看擺攤，視覺就已經飽了。定要點一份豬腳，可選豬蹄、中段與腿庫，焦糖色澤，皮、膠質、骨頭咀嚼出齒牙的變化，搭配簡素的白麵，跟湯頭一起美味蒸騰！

地址／仁愛區孝三路99巷1號

李家鍋貼饅頭

凌晨即起，醒好老麵團，揉成白淨的生饅頭，沾水環繞鐵鍋，視覺的極簡美。半蒸烤熱騰騰起鍋後，就為了吃那鍋貼般的焦皮，分量足充滿嚼勁，味道樸實耐久遠。來自山東，六十多年歷史，藏在深巷日常民居內，要吃就要起大早！

地址／仁愛區孝三路99巷3之1號

簡家蚵仔煎

咖哩飯、蚵仔煎、排骨酥湯及燒賣是簡家特色小吃，咖哩飯做法與廟口咖哩飯同屬傳統基隆口味，蚵仔煎的料與皮搭配比例適中，蚵仔新鮮，配排骨酥湯更讚。夏天時鎖管盛產季節，還有「鎖管蚵仔煎」，季節限定喔！

地址／仁愛區孝三路93號

素麵疙瘩

從路邊攤做到三角窗店面，靠的是Q彈有勁的親做手工麵疙瘩，好吃的蔬菜湯頭，再加上大把高麗菜、金針菇、麵筋等配料，即使是素食，也十分有味，另有芋頭米粉湯新款。

地址／仁愛區孝三路60號

奕澤鹹粥

鹹粥是道地基隆人的經典小吃之一，熬煮湯頭以蝦米、蔥頭提味，再添加些許高麗菜，小菜必搭甜不辣、炸豆腐、炸魚片、魷魚、雞捲……，是基隆鹹粥的特色。

地址／仁愛區忠二路53號

麗香的店阿本伯燒賣

基隆燒賣的首推，選用新鮮魚漿，加上豆薯籤絲，增添獨一無二的口感，排骨酥湯更是本店強推，可以單純吃燒賣配一碗排骨酥湯，也可以選擇排骨酥湯麵，燒賣也可以做湯的喔！

地址／仁愛區忠二路63號

當歸土虱．藥燉排骨羊排

香噴噴的藥燉味強壓四境，可以選藥燉排骨或是當歸土虱兩款湯品，主食為乾拌紅麵線，各式配酒小菜也很經典，許多老饕喜愛在此小聚，喝個小酒放鬆，四季皆可隨時為自己進補一下。

地址／仁愛區孝四路７號

天天鮮排骨飯

為了那顆蛋！就為了那顆雞蛋！現場高溫油炸，蛋白處於軟與硬之間的最佳口感，黃澄澄的蛋液攪拌，十分下飯。主菜可選排骨、雞腿、蝦仁，酥脆帶甜味，佐以清淡的高麗菜與酸菜，味噌湯與蛤蜊湯二選一，路過的人怎能抵擋！

地址／仁愛區孝三路４２巷巷口。

路邊粿仔湯

傍晚才開的阿伯粿仔湯，大骨湯頭熬得十分濃郁，一定要搭配親手滷製的腿肉或嘴邊肉才肯賣，不能單點一碗粿仔湯，滷味做得很入味可口，搭配起來很合適。

地址／仁愛區孝三路４０號

豬肝腸海鮮店

堅持手工處理，經營六十年傳統口味，以古法來回花八次工製作完成，內餡的豬肝、豬肉吃得出切塊口感，另搭配紅麴燒肉，少去油膩感，多了一份燻香。

地址／仁愛區孝三路６５巷７號

三姊妹熱炒

基隆熱炒攤第一店，激越的味道、親切的招呼、廉宜的價錢，想點什麼就點什麼，油炸的、醃製的、熱炒的、內臟類、海鮮類……應有盡有，最好點到桌子排不下，在騎樓下隨意開講，跟朋友們浸泡在啤酒海中！

地址／仁愛區孝四路８之1號

三角窗乾麵

正港的基隆乾麵，非肉燥青菜滿碗，端上來，一色素白的麵條，些微的豆芽菜加油蔥，拿起筷子攪拌，香氣充盈，麵條略硬而油香無比迷人，猶如基隆人的脾性與雨港迷濛，搭配大骨湯中綿密柔軟的餛飩，simple is full！

地址／仁愛區孝三路４３號

遠東賴家水煎包

水煎包到處都有，這家就是厲害。後台忙著揉麵皮與包餡，鍋蓋打開水氣蒸騰，韭菜口味含冬粉，高麗菜先炒過，還有生煎鮮肉包，底皮酥脆，不油膩，一咬下去，內餡紮實飽滿，引來大大小小排成長龍啦！

地址／仁愛區忠三路97號

遠東愛玉冰．烤玉米

舊遠東戲院旁的小小攤，老闆娘的打扮總是那麼端莊。飽啖孝三路美食或炎熱的午後，點杯涼品，搖一搖淡黃色糖水，透明的愛玉與粉圓軟Q旋轉，有夠「透」心涼。台灣品種的玉米，顆粒大且完整，蒸的或烤的，氣味都很飽足！

地址：仁愛區忠三路99之1號

阿玉炒麵

一定要點「咖哩牛肉炒麵」，烏龍麵略扁寬，牛肉帶嚼勁，油鹹味比咖哩味濃厚。湯類有蚵仔、牛雜、毛肚與罕見的牛腦。還可以炒牛腰、牛心、牛肝、毛肚以及螺肉！勞動弟兄的最愛，定要有「兩光」作伴，就是保力達加米酒啦！

地址／仁愛區忠三路74號

媽祖廟慶安宮

廟埕雖小，可湊集著各種美食，尤其是牌樓前的攤車，神出鬼沒的，要媽祖保佑才得嚐小吃啊！

媽祖宮口阿芳．台灣漢堡

年邁的阿公不定時出現，要吃得靠運氣。白鐵皮在烤架上拱起，阿公以挖掘隧道的精神，烤繼光餅與香腸，加入鹹菜、花生粉、特調油膏與辣椒醬，得耐心等待，等待絕對值得的，咬一口炭香與紮實，再來罐啤酒最是台灣味啦！

地址／仁愛區忠二路1號，慶安宮牌樓前。

媽祖廟口米漿攤

台灣漢堡阿公旁，有兩家販賣米漿的老攤，手工磨製，選料用心，味道香、濃、醇，搭配油條，此外還有豆漿與杏仁茶，是雨港午後的點心好選擇。

地址／仁愛區忠二路1號，慶安宮牌樓前。

曾記鍋貼

豬肉與高麗菜充分融合，皮煎得酥黃，鍋貼的分量比連鎖店有誠意。定要叫碗酸辣湯，湯頭與料皆飽滿充足。此外，還有煎包與各種麵食、湯與小菜，來媽祖廟拜拜，心靈與胃齊時保庇保庇！

地址／仁愛區忠二路３－２號，慶安宮廟埕旁。

阿玲肉圓

基隆肉圓多如船舶，阿玲仔可是大大有名。老闆娘聲口豪爽地說：皮選用價格較高的地瓜粉，豬肉以色深香濃的浙江紅糟醃製，漿料乃純正紅蘿蔔加辣椒佐糖，滋味特出，湯有魚丸、魷魚、貢丸，可任選兩者成綜合湯。

地址／仁愛區忠二路9號

仁愛市場商圈

穿越繁鬧的菜市場，搭長長的樓梯到二樓，這棟高聳的集合住宅內，密藏著美食的奇幻空間，內行的食客都來這裡報到了！

握壽司（Ａ３３）

約十個座位，只賣生魚片、豆皮壽司、生魚飯、味噌湯、鮮魚湯，就這樣，就被等候的人包圍，等待年邁的老闆端上台式生魚飯，醋飯飽滿，魚片厚實，淋上醬油膏，同薑片入口，一份七貫一百塊，又經濟又驚異！

地址／仁愛區仁四路３１號，仁愛市場二樓，編號Ａ３３。

福記小吃

來福記就要點濕炒飯，那是炒飯與燴飯的完美搭配，既有炒飯的香氣，又有滑Ｑ的燴飯口感，而且飯粒不致太黏稠，保有硬度，對於總是拿捏不定吃炒飯或燴飯的人而言，真是一舉兩得。

地址／仁愛區仁四路３１號，仁愛市場二樓。

加園壽司

到日本料理店就要坐吧檯，透明櫃子內，新鮮食材與各種魚鮮蔚然大觀。手卷、生魚片、壽司、沙拉等基本菜色都是大餐廳等級。招牌菜是香魚甘露煮，用特製醬料熬煮八個小時，熬到骨頭與刺軟酥可食，還有滿滿的魚卵啊！

地址／仁愛區仁四路３１號，仁愛市場二樓，編號Ａ３２。

阿財三鮮水餃

店員就在你旁邊包水餃，專注且熟練，下鍋後隨即熱騰騰地端到客人面前。水餃只賣三鮮口味，內餡是豬胛心肉、蝦仁、韭菜；湯也只有酸辣湯，像雜菜湯般料多味美，大大豐富！

地址／仁愛區仁四路２１號，仁愛市場一樓。

阿財圓仔湯

吃完油鹹的三鮮水餃，隨即移到隔壁喝甜湯，讓味覺換檔：花生湯、紅豆湯、芝麻湯圓、芋圓、地瓜圓、抹茶圓、黑糖圓、Q圓等等，豐饒地擺放攤位前任君挑選，還可以加點油條，真的是美味圓圓圓！

地址／仁愛區仁四路２１號，仁愛市場二樓。

養生麻油雞

喜愛吃麻油雞，又懶得煮或不會煮的人有福氣了，位於仁愛市場二樓美食區邊角的麻油雞、麻油腰花……等等，可以來一碗，燒煮好後，再添加香噴噴的米酒，少了濃郁的酒味，又可品嚐到麻油的好滋味。

地址／仁愛區仁四路３１號，仁愛市場二樓。

大觀園鹹湯圓

位於仁愛市場一樓的小店家，金字塔形狀的鹹湯圓，全然基隆道地口味，肉餡加油蔥，湯頭清爽，配上茼蒿或者小白菜，就是一碗Q軟帶勁的熱點，對了，豬肝腸也有名喔！

地址／仁愛區仁四路３１號，仁愛市場一樓。

紅燒鰻羹路邊攤老店

傍晚才在孝一路、忠三路交岔處的騎樓開場，主視覺是紅燒鰻魚羹，大塊的紅麴鰻魚以羹湯呈現，結合基隆獨特的乾油麵和米粉，已經用調料拌好，放在棉布上蒸熱著，吃時再添加蒜末、醬汁等調料。

地址／仁愛區孝一路與忠三路口，崁仔頂魚市旁。

汕頭沙茶粿仔

標榜粵式汕頭原味的沙茶粿仔，有乾、湯兩種選擇，在來米做成的粿仔，湯頭是大骨熬製，配上豬腸和酸菜，鮮味至極，獨家粵式沙茶有神祕配方，可配飯或粿仔，小菜滷白菜和豆腐，以及嘴邊肉等……都很美味喔！

地址／仁愛區愛一路２１號

1 基隆港邊的傳奇「黑輪伯」鄭軾欽先生　2「黑輪伯」燒邁、龍鳳腿
3 三姊妹熱炒　4 鐵路邊胡椒餅　5 天天鮮排骨飯

8

6

9

7

10

6 三角窗乾麵　7 孝三路大腸圈　8 阿財圓仔湯
9 遠東賴家水煎包　10 紅燒鰻羹路邊攤老店

廟口

北台灣最極致的夜市，攤攤幾乎都是強棒，人人各有所好，難以全部含納，以下所寫，全屬個人偏見！

〔仁三路〕

⑯ 天婦羅

府城小吃的代表是擔仔麵，基隆廟口就是天婦羅。這道來自日本、用新鮮魚漿入鍋油炸的小食，有齒牙咬嚼的極佳觸感，青脆小黃瓜，加上小壺的甜辣醬的注入，邊走邊吃就是夜市的暢快啦！

⑲ 光復肉羹

廟口滷肉飯的饕客分兩派，小吃教主舒國治站在這邊，認為其滷肉包含肥、瘦、皮三層次，乃全台最佳滷肉飯。搭配肉羹湯或豬腳湯，炒高麗菜爽口，而清排骨湯很獨特，清湯與一整塊排骨，別處吃不到啊！

㉑ 魯排骨

排骨的做法百百種，這家先炸再滷，炸得骨肉酥脆，滷得汁濃味美。焢肉、雞腿、旗魚也不錯，廟口人潮洶湧，不如包便當回家吃，味道不減！

㉖ 豆簽羹

到廟口來個小吃考古，讓舌頭回到阿公時代，在泡麵還沒大軍壓境前，豆籤羹就是庶民的方便麵。源自泉州安溪的小吃，以米豆製成，加入蚵仔、蝦仁、花枝，豆香與海鮮同其濃郁，基隆之外要吃，就要到台南鹽水囉！

(25-1) 邢記鼎邊趖．(27-2) 吳家鼎邊趖

將在來米磨成漿，沿著滾水的鍋邊往下趖（台語滾爬的意思），米漿就凝固了。這道福州菜，原本直接下鍋煮，台灣的則要風乾，剪成一片片，加入香菇、竹筍、金針、蝦米等等，材料豐富，無論吳家與邢記，湯頭都很不錯啊！

㉘ 金油飯

蒸籠上的油飯粒粒分明，堆起來像座山，與醬油、油蔥、香菇融合的香氣，誘人坐下來，搭配旗魚羹或肉羹湯飽足一餐。

記得包幾份帶回家，隔天蒸來吃，滋味依舊。切記，定要淋上橘黃色的甜辣醬，這是下飯的頂級天味！

㊱ 碳燒蚵仔煎

看老闆掀開平底鍋，底下真的是紅色的炭火，溫度的控制定要真功夫。蚵仔鮮甜，蛋香濃郁，同小白菜、番薯粉一起煎，煎得微焦帶炭烤味，淋上醬油與甜辣醬，在小吃的一級戰區，屹立成老店。

㊲ 沈家泡泡冰

將挫冰的刀片調至最細，接近雪花冰的細膩，落入大陶碗中，拿起湯匙攪拌，敲擊的聲音如此好聽。定要以人工攪拌，靠肉眼判斷，才能將這杯泡泡冰攪得均勻，花生花豆口味濃郁飽滿，最受歡迎！

㊵ 花枝羹．大麵炒

蒸籠上的油麵散發豬油的魅力，長筷子將麵撥入盤子中，夾幾段韭菜拌味，絕招是那兩匙蒜茸清醬油，這盤大麵炒，呈現油香的多層次。羹的魚漿只抹一點點，要讓大塊新鮮的花枝畢現，讓你的齒牙愉悅咬嚙，再請湯中的烏醋與香菜，完美收尾！

43-1 一口吃香腸

如同台中的逢甲夜市，廟口是台灣夜市的帶頭者，實例就是這攤烤香腸。生香腸不加防腐劑也不必乾燥，製作成一粒粒「讓小孩也吃得起」的小香腸，拿著夾子在烤架上撥，渾圓滾動，裝入紙袋，叉起來一次一口，肉香盈溢。

㊻ 珠記咖哩飯．鮮魚湯

為了那道咖哩香，為那片黃色醃蘿蔔，你就該坐下來，拌飯入口。用小圓湯匙撥開紅蘿蔔，把肉羹送入口，滋味便登高望遠了。點碗鮮魚湯才夠基隆，當場煮，光看那鐵鍋與火焰的共舞，就已經湯鮮味美了。

㊿58 營養三明治

號碼牌之等待到底是為了什麼？為了那橢圓形的長條麵包，當場油炸，然後剪開麵包之心，你看那靈巧的手，將切好的滷蛋與番茄，還有火腿與小黃瓜夾入，最後以美乃滋美美做收，拿到你面前，就是那名聞遐邇的營養三明治啦！

⑥0 什錦春捲

將薄乾如紙的潤餅皮攤開，先撒上花生糖粉，然後細心撮入蛋絲、香菜、紅蘿蔔絲、菜脯、豆乾絲、紅糟肉……高麗菜先炒過，豆芽菜乃現燙，最後一抹紅豔的甜辣醬，用最基隆的醬料黏合，捲製出一手無所不包的千滋百味。

⑥6 油粿・芋粿

粿是台灣傳統的家常點心，但在北台灣，要找厲害的店家，實在不好找。這家油粿古法製作，以在來米加油蔥蒸製，做成九層，非常耗時耗工，油蔥味沾甜辣醬入口，滋味豐饒。此外還有芋粿與肉芋丸，或是加點貢丸湯或魚丸湯。

〔愛四路〕

阿華炒麵

這幾年儼然基隆咖哩麵的代名詞，各地饕客不遠千里來排隊，就為了那盤將豬肝、蝦、豬肉、丸子、蛤蜊、洋蔥、小白菜與吉古拉炒成的什錦麵，料多當然是特點，但老基隆人愛的是老闆的火候，與那悠遠的咖哩味道。

地址／仁愛區愛四路1－3號

炭烤三明治

現場用炭火烘烤，可選豬排、香腸或火腿口味，塗上美乃滋與脆甜的小黃瓜，用紙包起來邊走邊吃，而且，一定要配可可亞，這才是正港的基隆吃法啦！

地址／仁愛區愛四路26號（三兄弟豆花前）

三兄弟豆花

豆花就是那麼嫩，粉圓就是那麼Q，糖水與碎冰，拿起湯匙攪拌，入口就是沁心的甜品。本是廟口的小攤，現在是聞名北台灣的連鎖店，本店的獨家風景，是看老闆舀冰的俐落姿勢，這樣才夠冰冰涼涼啦！

地址／仁愛區愛四路26號

金茶壺八寶冬粉

坐在人來人往的攤車旁，先用湯匙撥開料、喝一口極品高湯。細看碗內，有金針、木耳、竹筍絲、蝦米、花枝、肉羹、魚羹、蝦仁羹，還撒上韭菜花、芹菜珠、油蔥酥。伸出筷子，夾起冬粉，八寶何止八寶，豐盛全都滑溜入口！

地址／仁愛區愛四路15號

紀家豬腳原汁專家

光看那濃郁濁白的湯，就是一種過癮。大腿肉、小腿中段與腳蹄軟而不爛，肉質與膠質兼勝，一定要沾生辣椒醬油才夠local。此外，加油蔥的麵線，燙青菜淋上醬油，飲一口豬腳原汁，煩膩連同煩惱一起解消啦！

地址／仁愛區愛四路29號2樓

三姊妹鍋貼

鍋貼全台連鎖店到處有，但要吃「大船入港」分量的，就要到基隆；既然名為「鍋貼」，與平底鍋接觸的酥脆面，拿捏得剛好，精緻如遊艇。油香濃厚不至於太膩，酸辣湯是最好的夥伴，來一場味覺的美好航行。

地址／仁愛區愛四路40號

全家福元宵

這是基隆人的習慣，每至冬至與元宵，就要吃全家福的湯圓。曹銘宗如此形容：「把黑芝麻（加了豬油）的餡料，沾水之後，放在裝有糯米粉的大竹籃，不斷的搖……」搖出皮薄餡多的元宵，熱騰騰裝在碗中，真是圓滿的滋味啊！

地址／仁愛區愛四路50－1號

益記麵線羹・春美肉圓

外皮、竹筍乾、紅糟肉，三個層次的紮實，是北部肉圓的本色。得要向隔壁攤叫來麵線羹，特有的魚羹，充滿嚼勁的豬大腸，撒上烏醋與蒜泥，攪拌湯頭入口，在斜樓梯下、人行道間，完成美味的雙重奏！

地址／仁愛區基隆市仁一路317、315號

安一路與西定路

這裡沒有觀光客，是最純粹道地的平民小吃，沿著安一路、安樂市場、一路吃到西定路底，基隆人真的好幸福。

小文肉羹

安一路必嚐之小吃美食，紮實的肉羹與羹湯和麵融為一體的飽足感，再加本店特製滷肉飯，此兩樣為招牌必點，小菜琳瑯滿目，建議豬腿肉、滷豆腐、滷蛋……都能滿足你的味蕾。

地住／中山區安一路42－44號

安一路古早味車輪餅・愛玉冰

六十年來秉持媽媽親手所做的精神，洗出真材實料的愛玉，加檸檬與糖水，成為夏日最佳消暑飲品，夏天愛玉冰，冬天車輪餅，車輪餅噴香的紅豆、奶油與蘿蔔絲餡，是孩子們忘不了的童年回憶。

地住／中山區安一路31號騎樓小攤

安一路米苔目

早晨開到下午兩點便休息的米苔目麵店，由一對妯娌共同經營，從年輕一起煮麵到中年，從路邊攤到店面吹冷氣，靠的是米苔目、陽春麵與大骨頭湯的共舞，加上琳瑯滿目的各式黑白切，呈現出基隆小吃歷久彌新的小清新精神。

地住／中山區安一路60號

美珠土雞

本來是賣台東的土雞肉和放山雞肉，幾年前老闆就加開了自助餐，變成雞肉便當店，雞肉甜美多汁，緊實有彈性，好吃到讓排隊的人愈排愈長，你可買整隻或半隻雞肉回家，或雞肉便當亦可，提醒要費點耐性排隊喔！

地住／中山區安一路73號

郭家巷頭粿仔湯

沿著斜坡走了下去，吊腳樓般的水泥房下，客人正熱騰騰地吸吮熱湯，猶如科幻場景，這家老店的粿仔湯很夢幻，浮著油蔥，邊綴豬腸，大骨熬製的好湯頭，可以免費續湯！小菜選擇密密麻麻排滿菜單，橘色的沾醬，味道超現實！

地址／安樂區安一路100巷31號

安樂市場菜頭滷

如果你愛黑白切，常吃小菜，請來這裡挑戰，圓鍋的高湯內是滿滿的料，或許你都認識，但豬的珍奇腹內如人氣最旺的豬氣管，得要問老闆娘才知，沾獨家醬料，搭配清甜的白蘿蔔湯，要通過這一關，你才可以自稱基隆黑白切達人！

地址／安樂區樂一路22號，安樂市場內。

ＱＱ麵疙瘩

標榜政壇名人常來光顧的中山橋下麵疙瘩，周六日公休，平常因為生意太好，營業時間10:30-15:00，菜單有綜合、豬肚、豬肝、貢丸、瘦肉、豬腸和扁食、榨菜等口味，以現煮Ｑ彈有勁的麵疙瘩搭配鮮美肉湯和豐富配料，贏得眾人一致讚賞。

地住／中山區中山一路61-1號

松興潤餅

美食家韓良露生前吃遍全台潤餅，基隆特別指名中山橋下這家，平鋪潤餅皮放上高麗菜絲、紅糟肉、蛋酥、花生粉、香菜等餡料，抹上甜辣醬，捲起來，分量特大，符合碼頭勞工弟兄們的胃納，更是現代饕客人追求深藏密味！

地址／中山區中山一路61－1號

橋下麵線羹

中山橋下的麵線羹，五十多年傳承，是基隆式大腸魚羹麵線羹的始祖之一，最早在安一路擺攤，四十多年前轉到中山橋下，再易主經營，口味不變，成為基隆麵線羹的傳奇，只有週六、日8:30-14:00有賣喔，平時來肯定撲空。

地住／中山區中山一路61－1號

老三無刺虱目魚

來到三十一號橋接成功二路路口，虱目魚店就在當頭。勤奮的老闆一家，用純魚湯熬粥，不用加任何調味料，還有腿肉飯、焢肉飯與魯肉飯，搭配魚湯，就是平民生活的飽足鮮美。

住址／中山區成功二路28號

三輪車四神湯．肉圓

原本夜晚擺攤的阿順伯，在西定路口賣著肉圓、芋圓和四神湯，數十年如一日，是這一帶人們早已熟悉之事，夜歸的人，想吃消夜的人，經過時，就順手帶一碗肉圓和四神湯回家，某天忽然找不到三輪車了，原來在對面的店面落腳了，內夾肉餡的芋圓和紅燒肉、竹筍的肉圓，各有不同風味，搭配四神湯更加好吃！

地址／中山區西定路19號

西定路古味魚丸湯．麵線羹

基隆的麵線羹以大腸、魚羹為料，西定路這家阿伯所賣的麵線羹則以新鮮鯊魚丸為主，鯊魚丸湯也是本店的特色，篤信佛教的老阿伯很堅持親手打魚丸的那份品質，代表著一份良心，喜歡的話可以買魚丸回家自己做湯喔！

地址／中山區西定路23號

阿土正宗小吃

在基隆出現宜蘭手路菜，水晶雞肉、炸餛飩、糕渣、卜肉等，是這家店的主題特色，還有各式炒菜、炒飯和什錦湯麵等，芹菜炒鯊魚屬於基隆母親的家常菜，老闆總是笑咪咪，展現好客禮俗，成為店內最佳活招牌。

地址／中山區西定路50號

1 基隆廟口夜市　2 廟口碳燒蚵仔煎　3 廟口益記麵線羹·春美肉圓
4 廟口炭烤三明治　5 郭家巷頭粿仔湯

6 佳家咖啡　7 水產水餃　8 小文肉羹　9 義二路壽司小攤　10 流籠頭古早味粉圓冰

東家館蔥油餅．大餛飩

為蔥油餅第二代，承襲原有蔥仔餅風味外，餅皮更加酥薄有勁，乾麵富有彈性，而餛飩湯更是一絕，大顆餛飩粒粒飽滿鮮美，湯頭甘甜好喝，令人回味無窮。

新址／中山區西定路76號

西定路清粥小菜

這是阿嬤味道的古早台式清粥小菜早餐店，十點以後就差不多打烊了，菜色包括了地瓜葉、四季豆、高麗菜等炒蔬，以及一整塊豆腐板上的傳統豆腐、大紅豆、豆棗及油條，搭配阿嬤的熱情和煮得軟綿濃稠的稀飯，含淚吃到消失已久的童年媽媽早餐的記憶。

地址／中山區西定路126號

正豐鵝肉攤

成功停車場旁的熱炒街，一入夜人聲鼎沸，生意最好的，莫非這家店。生魚片新鮮廉宜，鵝肉更不能錯過，老闆手不停歇切剁，客人耐心排隊，就為那肉質鮮嫩、油香滿溢的鵝肉。帶回家或坐下來圍桌，暢飲聊天，與整條街同歡樂！

住址／仁愛區成功一路118巷5號

劉銘傳路

基隆人都知道，愛一路、愛二到愛九路，就是獨缺愛八路，戒嚴時代防共產黨的「八路軍」，改以劉銘傳坐鎮，就在惠隆市場旁，是斜坡下一處溫馨的小食肆。

老店豆干包

豆干包，做法類似阿給，是最能代表基隆的小吃之一。在油豆腐裡頭塞入豬絞肉，用魚漿敷口，蒸好拌甜辣醬吃，或煮一碗料美湯鮮的豆干包湯。仁一路與劉銘傳路的交叉口有好幾家，吃完後散步田寮河，別是一般基隆風情。

地址／仁愛區劉銘傳路8號

大塊財麵線羹

老闆說，日本的關東煮，台語就叫菜頭滷，將蘿蔔熬了又熬，熬出湯清味深的高湯，放入甜不辣、油豆腐、鴨血、肉羹、吉古拉等好料。一碗吃不夠，還有肉圓、乾意麵、大腸圈、麵線羹、蚵仔煎……

地址／仁愛區劉銘傳路3－2號

小山東牛肉麵

街頭巷尾那種典型的台灣麵館。手工揉的麵條軟Q有彈性，清燉牛肉麵湯頭爽口，紅燒的滋味深濃，還有炸醬肉絲麵、大滷麵、酸辣湯、小菜、水餃，在基隆覓食，地雷少，誠意足，料多價廉不吃虧。

地址／仁愛區仁一路193號

稻香軒

伴入豆芽菜與油葱的廣東麵，淋上醬油膏和甜辣醬，吸吮長長的麵條，豬油的香氣隨即盈溢。湯頭乃大骨熬製，細膩手法折包餛飩之層層空隙，一咬下，肥瘦妙搭的絞肉瞬間滑入。來份油雞與鯊魚煙，蒜蓉醬和甜辣醬同碟，形似太極，沾豬舌與軟翅仔，耐嚼的硬麵與溫濃的湯頭，真如太極那般陰陽互生、滋味調和。

地址／仁愛區仁一路111號

基隆市政府

義二路是基隆的銀座，沿著街道漫步，觀賞日治時期留下的建築，看場電影，或去中正公園爬山，肚子餓了，街道間可有許多好滋味啊！

正老牌咖哩麵

位於信二路停車場旁的小巷內，以快炒的咖哩什錦炒麵聞名，用料豐富、實在，是基隆式的傳統咖哩麵做法，再搭招牌豬肝湯或下水湯，紅燒豆腐、酥炸三層肉等也是必點。

地址／中正區義二路2巷7號

佳家三角窗咖啡

義二路和信二路交叉的三角窗的佳家咖啡，最早從賣咖啡豆開始做起，後來開始賣起手沖咖啡，甚至裝成罐裝的各式冰咖啡和可亞，完全以外帶為主，是基隆咖啡的先驅之一。

地址／中正區信二路315號

周家豆漿店蔥油餅

堪稱基隆蔥油餅的始祖，前行政院長孫運璿的最愛，先煎後烤的蔥油餅，外皮酥脆，充滿蔥香味，必搭品為大餛飩和豆漿，不過要有一點耐心，因為排隊的人很多喔！

地址／中正區信二路309號

義二路壽司小攤

傍晚四、五點才擺攤的壽司攤，由一位穿著十分乾淨的美麗歐巴桑主掌，屬童年回憶的那種加魚骨熬煮的道地味增湯，以及最簡單的豆皮壽司和海苔壽司兩款，完全手工的媽媽口味，可以吃到濃濃的溫情，假日休息喔！

地址／中正區義二路81號騎樓

中正路沿線

沿著中正路而行，經過三沙灣、安瀾橋、舊漁會、和平島直通八斗子，這段公路奔馳，窗景看似平常，裡頭可暗藏許多獨特的滋味。

金龍肉羹

三沙灣市場的弧形空間，讓人聯想到台北圓環，匯集著咖哩麵、牛肉麵、麵線羹、排骨飯與甜點工坊。金龍的肉羹，以魚漿包裹里肌肉，湯頭勾芡是清流派的，主食可選麵、米粉、粿仔或滷肉飯，豬腳耐嚼，關東煮要切一大盤啦！

地址／中正區中船路94號

月松飲食店

要吃庶民的便當，老派的炸物，光看其洗石子門面，木門與座椅，你就要走進去油膩飽足，至少也要包個排骨便當走，安瀾橋這一帶老居民相當喜愛的店，網路報導很少，神祕低調，得細心去找。

地址／中正區中正路151號

林桑壽司

住在基隆，有許多外地人不知的好康，例如：生魚片與握壽司，必定新鮮，而且高貴不貴，短褲拖鞋就吃得到。在祥豐市場的走廊上，輕鬆地在這家小攤落座，手卷、沙拉、壽司、鍋燒麵、鮮魚、各式小菜。新鮮、平價、輕鬆日常！

地址／中正區祥豐街66號

水產水餃

實在是間不起眼的小店，裡頭卻有迷死人的韭菜水餃。老闆一家在旁邊密密包餡，皮、餡料、小工具隨意散列著，在路旁下鍋煮成美味的元寶，一大盤一大盤上桌，還有高麗菜水餃與滷味，引得眾人將筷子伸長長吃得飽脹如元寶！

地址／中正區中正路606號

水產米苔目

雨棚在路中央圍出攤位，沒有店名，就在中正路郵局門口。米苔目當然彈牙，決勝點在湯頭，一碗米苔目十塊！才十塊！小菜有豬肉、生腸、豬眼睛，就在正濱漁港旁，就這樣豪情米苔目下去啦！

地址／中正區中正路393巷18號

金山滷筍

從座位望向巷子另一頭的廚房，木碗櫥後頭的老闆，手腳索利，大火猛炒。這是一家每日要剁三十多隻雞肉的店，沒招牌無電話，炒麵分量大、鑊氣足，特色菜是鹹嗆蝦、紅燒肉，還有超級「澎湃」的金山滷筍。

地址／中正區中正路435號

阿九沙魚羹

鯊魚現殺現料理，皮做成鯊魚凍，以魚骨熬湯，將肉醃製油炸入勾芡的湯成鯊魚羹。這都不稀奇，水餃內餡是青苔與干貝，紅色的飛魚卵香腸，軟絲墨魚汁香腸是黑色的！要品嚐海邊的野味，和平島真是蒐奇一樂園。

地址／中正區和一路159號

阿德烤肉

老闆頭東布如壽司師傅，將烤肉丟入油鍋炸，然後上烤架，塗抹醬油與甜辣醬，也可加辣醬，烤得酥脆炭香。民國七十四年開業，過去和平島漁民出海前總會點個幾串，現在從傍晚營業到夜半，堅守著基隆最北端一爐炭火。

地址／中正區平二路二號，和平島公車總站對面。

春興水餃

就在八斗子漁港旁，饕客口耳相傳的厲害的店。賣的是湯品與滷菜，還有圓滾滾的水餃。當然是現包現煮，包得皮薄料美，圍著圓桌吃那韭菜水餃，排隊再久都值得。

地址／中正區環港街68號。

流浪頭與七堵

遠離基隆港，來到東岸碼頭的流浪頭，或是跨過獅球嶺來到七堵，各種你意想不到的小店，正等著你。

〔流浪頭〕

卞家牛肉麵

老基隆人如是說，曾在中山三路的防空洞大啖牛肉麵，熱湯讓汗直直流，此時風從洞裡頭透出來，是免錢的冷氣。如今，麵店仍在，只是移出山洞，來到流浪頭，延續懷念的味道。

地址／中山區中華路３之４號

流浪頭米粉湯

問老闆娘滷味共有幾種？沒仔細算過……四、五十種吧！鴨翅、豆乾、腱子肉、豬的各部位，定要夾一整條的小黃瓜才爽口！航空母艦般的盤子端上，擺盤跟老闆娘的妝一樣嚴整，沾沾特製辣醬，吃一口新竹來的粗米粉湯，啤酒凍成冰沙口味的，傍晚營業，暢快到半夜一點半！

地址／中山區中華路５巷１４號

流籠頭古早味粉圓冰

沒吃過白粉圓，不算認識基隆；若無香蕉水，更不是基隆味。六十年的老店，從橋下移到了新店面，受到的歡迎依舊。粉圓晶瑩剔透又好嚼，黑糖與白糖共熬的糖水，那淡淡的香蕉水味，在人來車往的流浪頭，是沁心的一杯清涼。

地址／中山區通仁街１號

老林沙茶牛肉麵

流浪頭群聚多家沙茶咖哩牛肉店。老林的咖哩味濃，沙茶獨特，牛肉鮮嫩，用生辣椒炒起烏龍麵來，充滿層次。還可以清炒三鮮、下水、軟絲、蝦仁，相當下飯。幸運的話，請老闆娘現場煮「魚湯」，一整尾喔！基隆就是這麼好！

地址／中山區復旦路９號。

〔七堵〕

七堵咖哩麵

基隆港的咖哩麵用熱炒，河谷深處的七堵，浸於熱湯之中。碗中是日本烏龍麵、豆芽菜、豆腐，一大匙的咖哩帶點微辣。內行的吃法是，挑出一根根豆芽菜嚼出脆甜，咬下塊塊油豆腐品味孔隙的黃豆香，喝一口湯讓香味滿盈……。

地址／七堵區開元路６２號

七堵臭粿仔

厭惡者避之唯恐不及，喜愛者如痴如醉，經過七堵街上，定會聞到這股濃厚無比的香味。以豬的頭骨熬製，湯頭之奇味，世所罕見。粿仔香滑入口，小菜上桌的是頭骨肉、菜頭、嘴巴肉、豬血……臭只是表面，味道的深處，就是上癮。

地址／七堵區南興路86號

基隆伴手禮

要當「推坑王」，也就是讓親朋好友買特產買到滿手滿車滿載無怨尤，就到這些店去，自用送友兩相宜，基隆的氣味統統帶回家！

新新牛軋糖

牛軋糖重在咬下去後，牙齒與麥芽的抵抗與糾纏，花生要碎得有戲劇性，高潮是甜滋滋的美好。新新牛軋糖位於崁仔頂魚市旁，分為牛奶、巧克力、海藻口味，不黏牙，拿起禮盒送親朋好友，買個幾包就是解饞的小零嘴！

地址／仁愛區愛一路27號

李鵠餅店

從清光緒年間暢銷至今，基隆伴手禮的同義詞。綠豆沙餅內餡的油香，是基隆最誘人的不傳之祕，引得全台灣全世界聞香而來。方盒子包上傳統商標紅紙，塑膠繩熟練綁上，粉紅塑膠袋拎著走，就是基隆人訪友的經典印象！

地址／仁愛區仁三路90號

連珍糕餅

一九一二年創立的歷史老店，中元祭的糕潤塔等禮俗供品，都是連珍的傳統工夫。秉持正統閩南乾糕做法，有花生、綠豆、鹹素雪糕等口味，還有八角糕禮盒，選擇多樣。芋泥球單盒四個，一整塊的芋泥，淡淡奶油味，有夠銷魂。

地址／仁愛區愛二路42號。

金興蔴粩

三大主力是：蔴粩、米粩與土豆粩，無論是哪一種，製作工程都是無比繁複。金興可以讓表面的芝麻、米與花生黏得均勻，咬下去，內在的空心感酥脆，重點是不粘牙，一個一個吃下去不知道什麼時候要停止……。

地址／仁愛區仁三路42號左，廟口編號62。

泉利米香

米香酥，口感佳，不粘牙，因首富婚禮而聲名大噪，店面與產品隨之翻新，翻出二十四種口味：古早味、黑糯米、杏片南瓜子、蔓越莓、海藻、丁香與鰹魚……季節限定款要搶得快。冷凍片刻再咬，冰冰脆脆，讓牙齒也米香米香！

地址／信義區信二路219號

江福記餅店

1915年創立的老店，在地人暱稱「江仔福」，早期販售麵龜與壽桃，現新增蛋黃酥、鳳梨酥、米香與西點蛋糕麵包等。基隆人實在太愛咖哩了，加入特製醬油滷製豬肉，厚積百年傳統手法，將喜慶之餅轉化成獨特的咖哩滷肉餅！

地址／中山區安一路68號，一信對面。

國家圖書館出版品預行編目 (CIP) 資料

基隆的氣味 / 鄭栗兒, 鄭順聰文字 . 攝影 . -- 初版 .
-- 臺北市 : 有鹿文化 , 2015.09
面 ;　公分 . -- (看世界的方法 ; 92)
ISBN 978-986-92020-2-2(平裝)

1. 遊記 2. 基隆市

733.9/105.69　　104014425

【看世界的方法 092】

基隆的氣味

作者 ｜ 鄭栗兒、鄭順聰
攝影 ｜ 鄭栗兒、鄭順聰、林煜幃
整體美術設計 ｜ 謝佳穎
地圖繪製｜吳佳璘
責任編輯｜林煜幃

董事長 ｜ 林明燕
副董事長 ｜ 林良珀
藝術總監 ｜ 黃寶萍
執行顧問 ｜ 謝恩仁

社長 ｜ 許悔之
總編輯 ｜ 林煜幃
副總編輯 ｜ 施彥如
美術主編 ｜ 吳佳璘
主編 ｜ 魏于婷
行政助理 ｜ 陳芃妤

策略顧問 ｜ 黃惠美 ・ 郭旭原 ・ 郭思敏 ・ 郭孟君
顧問 ｜ 林子敬 ・ 施昇輝 ・ 謝恩仁 ・ 林志隆
法律顧問 ｜ 國際通商法律事務所 ・ 邵瓊慧律師

出版 ｜ 有鹿文化事業有限公司
地址 ｜ 台北市大安區信義路三段 106 號 10 樓之 4
電話 ｜ 02-2700-8388
傳真 ｜ 02-2700-8178
網址 ｜ http://www.uniqueroute.com
電子信箱 ｜ service@uniqueroute.com

總經銷 ｜ 紅螞蟻圖書有限公司
地址 ｜ 台北市內湖區舊宗路二段 121 巷 19 號
電話 ｜ 02-2795-3656
傳真 ｜ 02-2795-4100
網址 ｜ http://www.e-redant.com

ISBN ｜ 978-986-92020-2-2
初版一刷 ｜ 2015 年 9 月
初版第五次印行 ｜ 2022 年 11 月 10 日
定價 ｜ 330 元